Soleil Balerwa

Cher Ben, mon Pasteur...

Soleil Balerwa

Cher Ben, mon Pasteur...

Une analyse d'un libre penseur sur la théologie africaine actuelle et ses implications futures

Éditions Croix du Salut

Cover image: www.ingimage.com

Publisher:
Éditions Croix du Salut
is a trademark of
International Book Market Service Ltd., member of OmniScriptum Publishing Group
17 Meldrum Street, Beau Bassin 71504, Mauritius

Printed at: see last page
ISBN: 978-613-7-36797-1

13h 29min, Goma, le 16 novembre 2017,

Pasteur Ben, mon cher petit frère ;

De prime à bord, permets-moi de remercier la Communauté Baptiste au Centre de l'Afrique qui m'a recommandé comme étudiant en Faculté de Théologie Protestante à l'Université Libre aux Pays des Grands Lacs. Même si tu m'accordais tout ton temps, je ne saurais pas avec exactitude rendre compte de l'impact positif qu'a causé la théologie dans ma vie et mes activités en tant que chercheur et passionné pour l'évangélisation.

Pour de vrai, j'ai fini ma première année de Graduat avec une joie mêlée à beaucoup de crainte. Vu les grandes discussions que j'animais avec les professeurs pendant les cours, la plupart d'entre ces derniers me traitaient déjà de fondamentaliste, et pensaient que je n'allais pas finir avec mon cursus académique. Gloire à Dieu car au lieu de cela, malgré ce questionnement sur la jonction théologie-sociologie qui me hante jusqu'aujourd'hui et fait l'objet de ma lettre, après mes quatre ans à la Faculté, je puis t'assurer que la théologie s'impose en moi comme une réponse de Dieu à l'appel de renforcer la formation doctrinale de tout homme au service de l'Eglise.

Bien sûr, de ma part aussi, pendant que j'appréhendais la théologie en tant que discipline comme une théorie de dogmes, exigeante, incompréhensible et inaccessible à tous, je me posais de fois la question : Finirais-je un jour ces études ? Feront-elles un plus à mon objectif qui est *la passion des âmes* ? Et oui, cher petit frère, à l'étape où j'en suis, la joie demeure, les craintes ont disparues et les exigences se sont accrues. L'avenir m'appelle à la contextualisation des enseignements théologiques au sein de nos paroisses.

Je constate surtout que la théologie a beaucoup transformé ma vie, ma relation avec Dieu, mes responsabilités devant l'Eglise et devant le monde. Ces années d'étude m'exigent de débats, de longues lectures, de moments de recueillement, de silence, de réflexion, de mise à l'écart quand j'ai bien même envie de causer avec les autres, d'ouverture à des activités en groupe pendant les travaux pratiques ou les travaux en groupe, et enfin d'immersion dans la méditation biblique ; ces heures passées à la Faculté ont indubitablement changé ma vie !

Ce temps auprès d'un Dieu appréhendé comme jamais auparavant, mais aussi auprès des éminents professeurs et de mes condisciples pasteurs et compagnons de service, a permis que j'aie un nouveau regard, une écoute autre de la Bible sur les réalités quotidiennes, une conception plus objective sur la vie de l'Eglise. Je peux ainsi dire que la théologie m'a fait mieux comprendre que je ne peux pas maîtriser Dieu Père, Fils, Saint-Esprit ; que je cherche seulement à le saisir. Même sans diplôme ou affectation, je sortirai au moins à la Faculté reconnaissant avec l'intime conviction que la vie de l'homme repose en Dieu et que Dieu ne veut pas vivre sans l'Homme en service. Et, c'est avec cette certitude que je vis mes activités de chaque jour.

Devant chaque action ou chaque attitude, je regarde, je me mets à l'écoute de la vie, de personnes, de l'autre. Comparativement au « Soleil Evangéliste » du passé, c'est grâce à la théologie que le « Soleil Aspirant Pasteur » engage de discussions circonstancielles plus au moins cohérentes avec des sectes ou des athées, qu'il intervient avec précision sur de questions à caractère éthiques et dogmatiques les plus complexes, qu'il ose s'intégrer dans de groupes interreligieux de partage à partir de petites notions de textes sources comme la « Biblia Hebraica », le « Novum Testamentum Graece », le « Quran » et autres. Comme ces milieux ne relèvent pas seulement d'un savoir disponible mais aussi de l'attitude, de l'écoute, de vigilance éclairée par la cohérence avec ses propres convictions religieuses, la théologie m'a été de beaucoup dans ce domaine.

Mais aussi, je crois que la théologie responsabilise beaucoup la conscience religieuse. Ben, si tu vois certains hommes de Dieu se créer de ministères, de chaînes de radios ou de télévisions ayant pour but d'insulter et de minimiser les théologiens prêtres et pasteurs, c'est tout simplement parce qu'ils sont complexés. Leur conscience religieuse n'est pas tranquille pour leur apostolat ; leur ministère n'est pas debout, il traîne à quatre pattes ; raison pour laquelle ils ne sont là que pour décrier les œuvres des autres. Pour comprendre ce que je dis ici, il te suffit de voir un pasteur ou un prêtre formé lorsqu'il offre ses sermons, il est sûr de lui, il a confiance à son apostolat et n'a rien à se reprocher par rapport à sa mission ! Grâce aux notions solides de la théologie, comparativement à ces aventuriers qui te font des analogies terribles à faire vomir et de prédications sans tête ni queue, un théologien avisé n'utilise pas la Bible d'une façon manipulatrice ou pour une obéissance dictée qui ne favorise pas l'épanouissement spirituel.

En somme, mon Pasteur, personnellement, je crois en la puissance de Dieu à la Faculté de Théologie. J'aime la théologie et je suis fier d'être théologien. À l'égard d'une telle conception de la théologie, je ne comprends pas pourquoi certains professeurs me traitent de fondamentaliste alors que certains condisciples que je qualifierai de fondamentalistes m'accusent à leur tour d'avoir un pied dans ce qu'ils appellent « évangélisme ». Les critiques pourront donc continuer leur constat, mais moi je sais une chose, et Dieu m'en est témoin, la théologie a contribué largement à ma formation en tant que pasteur, grâce à elle, j'ai enfin plusieurs stratégies qui me facilitent la tâche en vue de gagner autant d'âmes pour Christ. Passons donc à autre chose.

De cette reprise de la troisième année, En effet, Ben, l'histoire connaît perpétuellement les acteurs et les actions ; malheureusement ces actions se répètent sans en instruire beaucoup. Et, dans ce monde, certaines gens se croient tellement fortes et intouchables qu'elles cherchent à nourrir, à chaque occasion, leur sadisme. Pour de vrai, lorsque le Décanat m'a informé du résultat, j'étais sidéré ! « Le tigre ne proclame pas sa « tigritude », il saute sur sa proie, la tue et la mange », « S'ils pensent avoir le droit de t'attaquer, Solly, t'as aussi celui de te défendre » ; telles étaient les deux phrases qui me tarabustaient jour et nuit.

Ainsi, dans ma solitude, souvent, je revoyais mes anciennes révoltes de l'UNIGOM, les deux emprisonnements qui en ont résulté, les atrocités et la détermination de la prison et tant d'autres anciens évènements de ma vie qui ont abouti à de grandes violences pendant mes années dans les cinés et dans les stades de football. C'était douloureux leur injustice mais, ne t'en fais pas pour moi, Dieu m'a sauvé, je suis une nouvelle création ; j'essaie d'accepter cette réalité chaque jour. Je m'adapte déjà à ma nouvelle situation, Dieu ne m'a pas oublié, Il m'aime encore ; Dieu me fera un chemin ! Je n'ai pas échoué, je reprends seulement.

A notre Faculté, j'ai vu de choses, Ben... de choses incroyables, mais vraies. Mes quatre ans passés ici m'ont fait voir de toutes les couleurs. Aux côtés de ces professeurs hommes et femmes de Dieu qui jouent excellemment leur rôle, il y a d'autres qui agissent en sadiques, de vrais pompiers pyromanes ; et tu ne peux pas imaginer combien ça leur procure de la joie lorsqu'un étudiant victime de leurs sales besognes les traite de diables. Ça me fait mal, ce constat, surtout que c'est à Faculté de Théologie. Certains professeurs m'ont accusé d'être arrogant, de me croire au-dessus de tout le monde et, pour assouvir leur complexe, ils m'ont collé mensongèrement quelques cours de complément : voilà pourquoi j'ai repris.

Durant ma lutte de chaque jour, à notre Faculté, j'ai toujours dit aux professeurs qu'ils ne seront jamais qualifiés tant que nous, jeunes théologiens formés par eux, ne le serions pas sur terrain. En proposant une réadaptation et une contextualisation de la matière, une mixtion de certains cours, et surtout une part égale entre étudiants et professeurs dans le respect du règlement académique, nombreux étaient ceux qui pensaient que je dis toutes ces choses pour m'attirer de l'attention ; cependant, ces jours-ci, gloire à Dieu, certains parmi eux sont en train de comprendre petit à petit qu'il n'est pas du tout irréfléchi de revenir sur certains éléments que je proposais.

Un auteur français a dit, un jour, que l'école prépare les enfants à vivre dans un monde qui n'existe pas. Ce c'est que j'essaie d'expliquer aux enseignants pour leur montrer les failles de notre actuel système d'éducation qui est enfin devenue une relique obsolète, pleine de règles et de schémas nuisibles. Même si on n'a pas encore fini à payer le prix, pour de générations futures, je crois, mon cher Ben, qu'il est grand temps de dire ce qu'exactement la faculté de théologie, adaptée sur le capitalisme, détruit dans nos sociétés africaines.

Comme pour plusieurs pays du monde, le système congolais d'éducation actuel est adapté au modèle du système occidental qui a été créé afin de satisfaire les besoins de leur économie industrielle des siècles passés. Ce système ne vise, en effet, qu'à former une armée de robots distraits qui travailleront en obéissant à la conjoncture économique occidentale. Cela ne signifie pas que ce système est totalement erroné et totalement mauvais. J'en reconnais moi-même quelques aspects positifs ; néanmoins, je suis triste de constater que l'énorme quantité de difformités de ce système et de son importance fait que son ensemble est bon juste pour la poubelle.

Pour exemple, mon frère, dans notre système d'éducation, on nous fait gober le mensonge selon lequel « *il est mauvais de commettre des erreurs* ». C'est ce postulat qui est la colonne du système capitaliste d'éducation actuel. Dès l'école maternelle, nous sommes victimes d'une politique de la peur car tous nos enseignants traitent nos erreurs comme un vrai signe d'être moins bon élève. Il y a de cela plusieurs jours, en deuxième année de Graduat en Faculté de Psychologie, à l'UNIGOM, sous la direction de Madame la Professeur Jacqueline Bibola, avec certains condisciples, nous avons effectué une recherche à propos et, à la surprise générale, les résultats ont révélé que cette façon de penser détruit la créativité des apprenants et bâtit chez ces derniers une forte sensation de peur avant d'agir et d'expérimenter. C'est d'ailleurs aussi la raison du stress et du trac avant les examens ou une quelconque épreuve future. Dans la plupart des cas, cela forge à tout jamais la psyché humaine et reste l'une des raisons les plus importantes pour laquelle beaucoup de gens vivent une vie peu épanouissante.

Ben, mon petit frère, à part ce programme académique, sais-tu que je me suis fait un programme adapté à mes exigences ? Je le dirais encore à qui veut m'entendre : ne permettons jamais à l'école de compromettre notre éducation ; faire des erreurs fait partie intégrante et est nécessaire à l'apprentissage. La vie est bourrée de preuves du contraire de ce que nos enseignants nous imposent. Tout en nous efforçant d'exceller, nous devons toujours être prêts à échouer ; accepter d'échouer pour réussir est le meilleur moyen d'apprendre vite car, ici, on se base sur sa propre expérience ou sur une théorie adaptée à l'expérience des autres plutôt qu'à la réalité du moment, ce qui est, en quelque sorte, une pratique vidée de sens.

Mais aussi, Ben, ce même système nous apprend qu'« *il n'existe qu'une seule réponse à telle ou telle autre question* ». Et, la meilleure réponse, c'est toujours celle du professeur, celle qu'il a aussi appris ou a lit dans ses notes ! Mon frère, ne trouve-tu pas que cela nous impose l'obéissance à un schéma « scientifiquement établie » et nous fait croire qu'à chaque pas sur le chemin de notre vie, soit nous rentrons dans le système pour trouver la solution au problème soit nous cessons d'exister ? Le meilleur exemple à l'école ou à l'université sont ces examens où l'on nous impose d'entrer dans une case qui spécifie parfaitement laquelle de réponses est exacte, ou laquelle ne l'est pas. Ça nous bloque de concevoir et de concevoir au-delà de la boite. Pendant une interrogation, un de mes professeurs en Cinématographie me disait toujours : Solly, remets-moi, mes notes ! Avec de tels formateurs qui se trouvent figés depuis de nombreuses années dans ces schémas stricts et rigides de « l'intellectualisme », toute autre idée ou réponse, même pleine de créativité, fait de facto l'objet d'une mauvaise réponse ou de critique acerbe.

Et, comme partout ailleurs, les étudiants de la Faculté de Théologie sont aussi obligés de donner uniquement les réponses " valables et correctes " - même en Dialogue pastorale ou en Education Chrétienne, on les force à avoir cet état d'esprit prédéterminé par des exemples préconçus ayant de réponses anticipées à ces cours ayant trait à la théologie pratique. Le comble c'est lorsqu'ils arrivent sur terrain, quand ils se retrouvent face aux situations compliquées adaptées à la réalité du terrain et du moment qu'ils n'avaient malheureusement jamais rencontré auparavant.

Pourtant, les étudiants créatifs, ceux avec une personnalité différente, qui sentent l'appel de briser à tout prix ce strict schéma de la routine, deviennent de mauvais apprenants et sont de fois traités avec mépris. Qu'on l'accepte ou pas, cette approche handicape la créativité et la recherche des solutions originales. Elle tue ainsi l'innovation et la capacité à résoudre des problèmes quotidiens.

Comme je te le disais, mon frère, l'autre anomalie de notre système c'est qu'« *on exige des enfants l'obéissance et la subordination* » dès le début de leur parcours éducatif. Ce sont de bonnes qualités, bien sûr, mais pas de la sorte où on nous les impose. Depuis que j'ai commencé à être enseigné, à l'école ou à l'université, c'est l'instituteur où le professeur qui a toujours raison et, moi, en tant qu'élève ou étudiant, je n'ai aucun droit de donner un avis contraire à ce que le magister pense. Qu'il s'agisse de mon devoir à domicile, de mon travail pratique, de mon travail de fin de cycle, de mon mémoire, ou même d'une dissertation portant sur ma vie privée, c'est toujours le correcteur qui a raison ! En effet, notre système d'éducation veut nous faire croire que tout ce que le professeur dit est vrai et « amen ».

Souvent, c'est prouvé psychologiquement, cela affecte le chemin de la vie de l'apprenant. En effet, ce dernier croit aveuglément et sans aucune critique en chaque mot prononcé par l'enseignent en telle sorte que lorsqu'on lui rabâche qu'il n'a pas de capacités, qu'il ne sera jamais bon en maths ou qu'il est le plus mauvais étudiant de l'auditoire, il y croit facilement. Le pire c'est qu'il commence à le penser vraiment, souvent pour le reste de sa vie. C'est dommage que même chez nous, les futurs pasteurs, l'envie de discuter, exprimer sa propre opinion, surtout quand elle est contraire à ce que pensent les « savants », est immédiatement sanctionnée et considérée comme un mauvais comportement pendant que, si l'apprenant récolte plus de « M » de ces fameux points de comportement, il risque l'exclusion de l'école ! C'est fut toujours mon cas à l'école primaire comme à l'école secondaire que, conséquemment, j'ai fréquenté trois écoles primaires et trois écoles secondaires !

Notre système d'éducation préconise que « *soit tu as du talent, soit tu n'en as pas.* » Bien sûr, pour avoir du talent, on a besoin de certaines prédispositions mais la plus grande clé c'est justement l'acceptation et l'application de dons que Dieu déposé en chacun de nous ; c'est une compréhension qui doit s'enraciner en nous avant de penser investissement en temps, travail assidu et persistant que nous faisons de ces talents. L'école a tendance à extraire des talents et les séparer les uns des autres : dessin à part, musique à part, mathématique à part, écriture à part ... et prouver qu'ils ne peuvent jamais œuvrer ensemble.

C'est triste de voir bon nombre d'enseignants qui ignorent que la richesse réside justement dans la fusion de ces disciplines. Leonardo da Vinci était peintre, architecte, philosophe, musicien, écrivain, explorateur, mathématicien, mécanicien, anatomiste, inventeur et géologue. Je connais beaucoup d'amis qui font tant de choses à la fois et ils le font toutes bien. J'ai un ami pasteur, mécanicien, graphiste et décorateur, l'autre est agronome, commerçant et couturier de haute gamme. Moi-même je suis prédicateur, écrivain, cinéaste, peintre, dessinateur, ... et toutes ces choses m'aident à m'épanouir dans la vie.

Selon le système éducatif, les matières les plus importantes sont les plus utiles pour le fonctionnement de la société actuelle du point de vue de la conjoncture économique ; ce qui signifie que si tu aimes peindre, danser ou chanter, tu vas avoir des difficultés, car encore enfant, tu es presque obligé de renoncer à ce que tu aimes et ce en quoi tu as un don ou un talent naturel. Personnellement, merci Papa et Maman, merci de m'avoir permis de faire mon chemin et de me soutenir dans tout ce que je croyais être bon et utile pour moi ! Ainsi, en disant à l'employeur lambda que je détiens plus de quinze diplômes et certificats dans plusieurs domaines, il est rare de le voir décliner ma demande.

Mon cher ami, en ce qui revient de dons et de talents, j'ai toujours pensé que c'est une affaire divine ; aucun humain, aucune connaissance humaine, ne peut faire de nous l'homme à devenir. C'est plus fort et plus grand que moi et mon explication. Sinon, de son vivant, ma mère parlait, lisait et écrivait couramment le Français et le Swahili alors qu'elle s'est arrêté seulement en quatrième année primaire. AU même moment, Maman avait une qualité remarquable de seconde vue ; c'était en quelque sorte une prophétesse ! Elle discernait souvent ce qui se passait au village, chez elle ou chez mon papa. En famille, elle nous disait de choses à venir et elle a vraiment exercé un don de connaissance et de parole de sagesse.

Je suis un gars au Q.I. normal, je n'ai jamais été premier de classe, je n'ai jamais monté de classe avec mention « Distinction » ; mais il y a de moments de ma vie où je deviens plus intelligent et très créatif que d'habitude. J'ai commencé à lire et à écrire avant d'aller à l'école. A partir de huit ans, je fréquentais les bibliothèques et un jour, j'ai fini le livre « Un Monde En Flammes » du Docteur Billy Graham, avec ces 350 pages en moins d'une demi-journée et je l'ai mémorisé. 67 pages, qui reste actuelle jusqu'à ce temps et a été six fois joué et deux fois nominé « Meilleure pièce Théâtrale de l'année » dans deux de écoles secondaires que j'ai fréquenté. Pendant mon initiation à l'occultisme, sous l'incompréhension de mon initiateur, j'ai fini de lire la « Cosmogonie d'Urantia », 2097 pages, en une semaine. A onze ans, sans que l'on me l'apprenne, j'ai écrit ma pièce de théâtre « Vis ta vie ! », A quinze ans, j'avais à mon compte 12 livres finis, 4 en cours, sous divers sujets, 23 pièces de théâtre que je transforme en scenarii depuis un certain.

En Faculté de Psychologie, après que mon encadreur m'ait donné le plan de travail, à sa grande surprise, c'était deux jours après que je suis revenu auprès de lui pour les dernières corrections, tout le travail bien fini ; l'année passée le Directeur de mon travail de fin de cycle, en Faculté de Théologie, me demandait toujours de trouver les auteurs à mettre en bas de mes propres idées, sur les bas de pages, car il ne croyait pas que toutes ces idées pouvaient venir de moi... Je tentais, en vain de lui expliquer que ce n'est pas souvent moi, que c'est une force plus supérieure qui m'envahit soudainement et que c'est plus fort que moi-même ! En effet, Ben, quand je prends un stylo, des idées me viennent et m'occupent. Je vois de textes devant mes yeux, des écrits qui défilent d'eux-mêmes et je ne fais que les copier et les coller ! Ainsi, aujourd'hui, j'écris trois livres aux sujets divers au même moment, alors que depuis ces quatre dernières années, mes murs sur réseaux sociaux peuvent les témoigner, je publie chaque matin un article d'au moins trois pages ! C'est ça le monde de Dieu et de talents, ni l'école ni l'enseignant ; personne ne peut le dompter.

Les adeptes de notre système doivent aussi comprendre que « *chaque étudiant ne doit pas être évalué de la même manière* » ! Je ne comprends pas d'ailleurs cette mascarade qu'ils appellent « Spécialisation » dans notre Faculté ! Est-ce les travaux de fin de cycles ou les mémoires qui font de nous exégètes, systématiques, praticiens, ou machin ? J'aime bien la Systématique, en Graduat comme en licence, j'aimerais bien que c'est soit là mon domaine préféré ! Cependant, vu que de la première de Graduat à la deuxième année de Licence, je poursuis les mêmes cours avec mes amis praticiens et exégètes, je ne vois pas à quoi je peux vraiment prétendre être systématique.

Selon les programmes académiques, tous les étudiants doivent savoir absolument la même chose et apprendre de la même manière. Le système éducatif ignore complètement le fait que, suivant notre création par Dieu et nos milieux d'origine, chaque personne est différente, et a conséquemment sa propre façon d'apprendre, de comprendre le monde, d'assimiler et mémoriser les informations. En Faculté de théologie, le choix d'option devrait se faire en fonction des compétences de chacun. Sous l'inspiration de Dieu, chaque futur pasteur devrait prendre un chemin personnel d'évolution, conçu de façon à ce qu'il permette de développer ses talents, compétences et qualités.

Il n'y a pas longtemps, je discutais avec Madame la Doyenne sur le fait que la Faculté nous « *surcharge avec quantité d'informations* ». C'est aussi un problème du système, m'a-t-elle confié, tellement compatissante ! Tu vois, Ben, pendant que nous étudions de huit heures à seize heures, que la bibliothèque ouvre ses portes jusqu'à dix-huit heures au plus tard, et qu'un étudiant ne peut pas rentrer avec un livre à la maison de peur d'être sanctionné et de payer une amande, nous sommes contraints de lire des piles de livres tous les mois, de bachoter des dates et des formules, de rédiger au moins une interrogation chaque semaine et faire énormément de devoirs tous les jours. Conséquemment, notre esprit est rapidement saturé, ce qui freine notre croissance intellectuelle et affecte négativement le développement de nos compétences. Les résultats de recherche psychologique démontrent que le surcharge de tests, d'interros, de contrôles et d'examens est un moyen parfait pour faire pression sur les étudiants, ce qui cause un stress chronique et tue efficacement les cellules gliales du cerveau, alors que durant la période de l'apprentissage, les étudiants devraient avoir un espace confortable pour apprendre en s'amusant, en explorant et en expérimentant.

A quoi exactement nous servira tout le savoir qui nous est cumulé dans la tête ? Objectivement, mon frère, pour être francs envers nous-mêmes, nous ne sommes pas en mesure de spécifier quelles connaissances et savoirs sont utiles ou pratiques pour nous en tant que futurs pasteurs. Essaie même de poser cette petite question à nos professeurs : A quoi toutes ces matières nous servent ? Ils m'ont toujours répondu que cela nous servira un jour ; mais en quoi exactement ? A la Faculté de Théologie, depuis la première année de Graduat jusqu'à la deuxième année de Licence, nous avons un programme de plus de 20 cours pour chaque année, pourquoi faire ? Il n'est pas étonnant que les étudiants s'en lassent et ne soient pas motivés à lire et à étudier toutes ces aphorismes arides qui font de travaux de fins de cycle, mémoires, thèses et doctorats.

Nous avons besoin d'une véritable révolution dans notre système éducatif en Faculté de Théologie. Bien que c'est soit un combat idéologique contre des moulins à vent, je crois que la révolution devrait commencer d'abord en chacun de nous, pas par le système dans sa globalité ; sinon ce serait un peu comme remplacer les politiciens quand la politique reste la même ! C'est dans nos esprits que le changement devrait naître en vue d'améliorer notre vie académique et pastorale. Et, mon cher Ben, notre auditoire de l'année passée était le lieu où la protestation et la condamnation contre ces principes traditionnels du système étaient articulés avec le plus d'énergie. Au début, c'est vrai, ce n'était pas moi qui ai commencé cette lutte, c'était notre combat à tous, une lutte de la Faculté dans notre seul auditoire ! Moi, j'ai seulement répondu à cette attente et joué le rôle de celui qui pouvait en parler librement et publiquement. Comme tous mes condisciples soutenaient la cause et préparaient toujours un chemin pour moi, je devais m'identifier à cette visée noble qui prenait de plus en plus le contrôle de mon existence en tant que futur pasteur théologien ! Ces étudiants, mes condisciples, je l'ai vu par leur volonté, auraient dû changer les choses ; le désarroi c'est que la plupart de nos professeurs n'ont pas accueilli favorablement leur démarche. En allant ternir l'image de notre auditoire parmi d'autres étudiants, la seule chose qu'ils voulaient voir changer c'était notre attitude de réclamation, ils voulaient que nous puissions nous taire au sujet de tout ce qui se passait, chose que la plupart d'entre nous n'était pas prête à faire, vu notre totale insatisfaction.

Et, depuis ce temps, rencontrer Soleil et mes condisciples d'auditoire, c'est devenu comme s'approcher d'une peste qu'on doit éviter à tout prix ! Je ne l'oublierai jamais, Ben : un jour, lorsque je suis venu déposer mon recours après le résultat de la seconde session, devant le Secrétaire Académique Facultaire, Madame l'Appariteur et quelques étudiants, un de professeurs qui ont refusé d'envoyer ma cote d'examen au Décanat pour que je sois délibéré m'a insulté publiquement, me traitant de tous les maux. Face à mon silence, portant atteinte à ma personnalité, il croyait ainsi faire du mal à Soleil ; mais il ignorait tout de ma personne intérieure. Une de règles d'or que m'a appris Papa est que la personnalité de l'homme ne se mesure pas par son apparence mais par son cœur ! Un lion ayant ces quatre pattes sur terre, nous dit un adage, ne se soucie pas d'un singe qui se moque de lui et le maudit parce qu'il est en haut, dans un arbre. Imagine-toi, mon frère : un professeur, un parent, un pasteur de surcroit, ou tout simplement un homme, qui lance publiquement de paroles alitées, ce n'est pas digne ! Il a enfin dit que je pourrai faire comme bon me semblait et que je n'avais nulle part où l'emmener ! Ben, je sais qu'on parle toujours mal quand on n'a rien à dire ; les injures atroces n'ont jamais fait de tort qu'à ceux qui les ont dites. C'est humiliant pour lui, pas pour moi ! La menace ne sert d'armes qu'aux menacés, c'est ça la réalité !

En effet, mon cher jeune frère, tu dois le savoir, je critique le système éducatif, pas les enseignants. Je ne comprends pas pourquoi certains d'entre eux s'acharnent contre ma modeste personne. Je le sais, beaucoup d'enseignants n'effectuent pas leur travail comme il se devrait, ce système ne le facilite pas la tâche. Ce qu'ils doivent comprendre c'est qu'il s'agit d'une erreur du système, pas de ses employés. Je pitié de mes enseignants ; leur cause est aussi notre cause ; étant donné qu'il ne revient pas aux seuls étudiants de bénéficier d'un bon système éducatif, mais à nous tous.

Je sais qu'il existe des enseignants qui ont conscience des erreurs de notre système d'éducation et tentent de les minimiser, voire de réparer ce qui est dans leur champ d'action, et c'est aussi là le but de mes revendications. Ensemble, nous devons dépasser le traditionalisme dans notre manière d'enseigner et d'apprendre, surpasser le fanatisme dans la prise de grandes décisions du futur, et savoir juger au-delà de nos intérêts égoïstes. Quiconque, tant soit peu, concerné par la théologie et la vie de l'Eglise ne peut pas ignorer ce présent défi, le faire serait estomper cette réalité et conduire notre futur à la catastrophe !

Quand ces professeurs me reprochent souvent de me prendre pour un savant et de me croire une vedette, je ne comprends rien. Personnellement, Ben, je n'aime pas attiser de polémiques mais je me demande comment peut-on les éviter quand on est le plus souvent dans des situations tendues comme les miennes et, surtout, quand on se bat à tout prix pour justifier les damnés de la terre, les exclus du banquet de la vie, ou quand on ne veut pas reculer et se laisse faire. C'est en tous cas une expérience très douloureuse à vivre pour moi, notamment quand les gens entendent de moi d'être ce qu'ils reconnaissent que je suis. Comme je l'avais évoqué dans notre culte de fermeture de l'année académique passée, ce n'est pas un esprit de timidité que Dieu nous a donné mais un esprit de force, d'amour et de sagesse. Je crois que la crainte est un esprit qui ne vient pas de Dieu. Et, tu le sais parfaitement, Ben, à la Faculté, quand bien même je ne suis pas chef de promotion, le premier ou le dernier des étudiants, quand il faut apparaître, j'apparais et quand il faut m'effacer, je m'efface. Oui, souvent, je m'efface pour devenir l'autre, la voix de sans voix. Et, c'est ça mon problème avec quelques enseignants.

Tu me connais très bien, Ben ! Je dis ce que je pense, je pense ce que je dis, je ne cherche jamais à esquiver dans mon langage ! Je ne parle pas pour me faire remarquer ou me faire prévaloir, je ne parle pas pour dire que j'ai nécessairement raison. Chaque fois que l'occasion m'est offerte, j'ai toujours dit que je suis aussi humain et que, comme tout commun de mortels, je peux aussi me tromper. Je ne parle pas pour présenter le mot d'ordre, mais je parle juste pour présenter ma façon de voir les choses. Et, dans ma manière d'être, chacun est libre de me contredire ou d'avoir un avis contraire, je reste ouvert au débat. Je n'hésite pas de rétracter mon propos quand je me retrouve face à une nouvelle idée plus convaincante.

Dans les réunions facultaires, on m'accuse souvent de m'opposer ; oui, c'est en effet ma nature, pour certains faits : quand je ne comprends pas bien, je partage mon doute, si je ne me fais pas bien comprendre, je n'oblige personne à suivre ma position. Je me tais, j'hésite de m'engager pour que je ne sois pas finalement le dindon de la farce ! Chaque homme a un prix ? Peut-être ! mais moi, je n'en ai pas encore - ou du moins, je ne sais pas combien je coûte ! Je suis encore de ceux qui pensent qu'on n'achète pas la conscience d'un homme pour de l'argent ou pour de biens périssables. Nous avons été rachetés par Christ à un grand prix ; nous ne devons plus devenir esclaves des hommes.

Et, même si je dénonce le fait que certains professeurs sont tellement occupés qu'ils n'accomplissent pas convenablement leur tâche, même si je me bats pour la réforme du système de notre formation, et même si je n'admets jamais ces jugements qui tendent toujours à rejeter toute la faute aux étudiants donnant ainsi bonne conscience aux enseignants et responsables académiques de fois fautifs, je ne me prévaux jamais en exemple ou en donneur de leçons ; comme tout humain, je sais que je suis un simple homme ! Je ne me glorifierai jamais d'avoir affaire aux « grands » de la Faculté de Théologie, ils me surpassent en tout que je ne peux oser m'égaler à eux. Seulement, je revendique ce que je pense être les droits les plus fondamentaux des étudiants et, dans mes réclamations où je semble d'ailleurs être exempté vu ma position sociale, je pense toujours à tous ces condisciples acculés au même déchirement, sans aide et je prie le plus souvent que ces problèmes qui font ma lutte de chaque jour à la Faculté soient un jour proche des problèmes secondaires de notre vie. Aux yeux de beaucoup, je suis un militant de droits, un agitateur et un leader d'opinion ; à mes yeux, je reste ce jeune évangéliste charismatique, fils de pasteur baptiste, issu d'une famille protestante d'éminents hommes et femmes de Dieu œuvrant dans la Communauté Baptiste au Centre de l'Afrique.

Mon Pasteur, l'autre problème moderne qui m'embête en ces jours c'est lorsque surgit le débat de l'efficacité des théologiens sur terrain. On ne peut plus se voiler la face et justifier notre position : Partout, les fidèles disent que les pasteurs issus des écoles bibliques ou même les « simples évangélistes » sont plus efficaces sur terrain comparativement à nous qui faisons les études théologiques. Même si je dois reconnaitre la pertinence de la question, je m'oppose au débat sur l'efficacité entre universitaires et biblistes. Tu comprends donc, Ben, pourquoi je me focalise en Théologie Systématique. Chez nous, on peut bien se réserver d'en donner une réponse nette à cette question quand l'on sait combien les écoles des théologies ont été des foyers fertiles en hétérodoxie dans tous les âges et combien les évangéliques se sont distingués en hérésies à ce qui revient surtout de leur lecture littérale des textes sacrés et, au bout de compte, les uns deviennent plus ou moins des érudits, ils peuvent apprendre quelque vocabulaire grec, hébreu, araméen ou peuvent s'exercer en exégèse ou en herméneutique,... pendant que les autres se radicalisent dans leurs traditions authentiques ou dogmatiques, le comble c'est que la vérité de Dieu reste et restera toujours connue par la foi quand l'intervention de la raison nécessite toujours la simplicité et la sobriété.

A part d'autres formations intermittents, je suis breveté en Psychologie, en Cinématographie, en Journalisme et en Arts plastiques mais, personnellement, j'aime la théologie plus que toutes ces autres sciences ; c'est d'ailleurs pour cette raison précise, je revendique le droit de la critiquer constamment. De ma petite expérience, je sais désormais que le mal n'est pas seulement chez les autres, il existe à ma Faculté de Théologie comme il existe au fond de mon cœur. Je me dois d'être tolérant à l'endroit de ces professeurs qui ont signé mon ajournement car je ne vaux pas mieux qu'eux. Si je me sentais vraiment obligé de répondre à ta préoccupation, mon cher petit frère, ce n'est pas d'un cœur aigri, fâché, désespéré mais c'est juste parce que je n'ai pas l'intention de me laisser enfermer dans toute situation qui me rongeait. Un grand auteur que j'aime bien a écrit : « Ce monde est détruit, pas à cause de ceux qui le détruisent mais à cause de ceux qui laissent faire ceux qui le détruisent ».

Ainsi, pour que ma lettre ne soit pas prise comme une justification ou comme une jérémiade, je me tais pour mon cas et celui du système éducatif ; je vais repenser à l'avenir comme le ferait un théologien digne de ce nom car, s'agissant de mes limites, il est vrai que je ne juge pas toujours chaque chose avec équité. Ma vie de responsabilité en tant que Coordonnateur de Mission d'Impact, Coordonnateur du Centre Culturel Evangélique Jéricho, Directeur de Cabinet du Collège des Etudiants de l'ULPGL, Vice-Président de la Famille Estudiantine de Goma à notre Faculté me fait comprendre combien je suis aussi faible et limité malgré ma volonté de me dépasser ; et qu'à un certain niveau de la vie, il faut savoir s'arrêter pour dire merci et reconnaître avec gratitude que toutes nos faveurs sont imméritées. Moi-même, malgré mes fautes et mes débilités, mes actions obtiennent facilement de réactions, mes conférences reçoivent une attention très particulière. Raison pour laquelle je ne voudrais pas pointer les autres du doigt vu que mes trois doigts me reviendraient.

J'ose ainsi croire, cher Ben, que tu n'interpréteras pas mon questionnement dans un sens péjoratif mais que tu le considéreras juste comme le ressenti d'un étudiant passionné de la théologie. Je me sens moi-même visé par ce que je dénonce car je suis profondément de la Faculté de Théologie ; au regard qu'elle m'a aidé, comme je l'ai dit ci-haut, à solidifier ma foi. Je n'ai pas de l'aplomb de me croire semblable à Paul pour sa souffrance lorsque les Juifs outrageaient la chrétienté, et je sais que si l'on ne peut se comparer aux hommes, on peut au moins comparer les situations. Paul était docteur de la loi, mais il savait se faire laïc dans le monde des laïcs. De même, je viens du monde profane et, je ne peux te le cacher, j'ai gardé avec ce monde la plupart de mes relations. En tant qu'évangéliste au sein de la jeunesse, j'ai souvent affaire aux nouveaux convertis, aux petites sœurs prostituées, aux petits frères païens délinquants, ces enfants dans la rue, mais aussi aux jeunes fervents de nos églises... Je comprends bien l'immense attente et le grand désir qui existent chez la jeunesse d'aujourd'hui, espoir de l'Eglise de demain, qui cherche à tâtons et d'un regard déçu la signification profonde de l'existence de l'homme vers nous, théologiens, c'est la raison pour laquelle je veux apprendre davantage et partager ce que je peux.

Mon cher Ben, les pasteurs doivent vraiment aimer Dieu. Et pour moi, aimer Dieu c'est être aux côtés des faibles, des enfants et des vieux ; c'est communier aux souffrances de malades et les sourds-muets, des estropiés ; c'est soutenir les idiots, les fous, les aveugles, ... Car, mon frère, tous ces gens-là ont besoin de quelqu'un qui peut hausser la voix pour eux. Et, ce « haut-parleur », c'est moi, c'est toi, Ben ! Pas seulement parce que nous sommes chrétiens mais aussi, et en plus, parce que nous sommes pasteurs. Aimer Dieu c'est reconnaître que tous ces exclus du banquet de la vie ne sont pas là, à côté de nous, juste par hasard, mais qu'ils sont là pour que je le défende, pour que je les aime. Je dois exprimer mon amour envers Dieu et ma foi en Christ en les aidant. Pour de femmes au foyer, « aimer Dieu » c'est apprendre à voir un regard nouveau sur ces prostituées qui s'accaparent de leurs maris et insultent en plus ces femmes légitimes. Pour nous congolais, « aimer Dieu » c'est apprendre à voir un regard nouveau sur ces assassins qui nous tuent chaque jour à cause de nos biens, ces kidnappeurs qui s'accaparent de nos bien-aimés et nous exigent de rançons, ces voleurs qui nous intimident et nous extorquent, ...

Un pasteur doit aimer Dieu, mon frère ! Pour nous, « aimer Dieu » c'est aimer ces païens que nous avons de la peine à aimer, ces gens qui nous détestent et se détournent de notre amour et de notre sacrifice. C'est essayer de pénétrer dans le monde de chaque fidèle de notre paroisse, vivre ses joies et ses peines comme si nous étions incarnés en lui. C'est là même la réponse à ta préoccupation sur la question : Pourquoi je suis revenu et je souhaite rester à la Faculté ? C'est simple, Ben : Je ne suis pas venu à la Faculté pour connaître Dieu ; non petit frère, j'ai rencontré Dieu bien avant et je reconnais avoir une expérience personnelle avec lui depuis ma conversion, pendant mes songes et mes moments d'évangélisation. Je ne suis pas venu à la Faculté pour qu'un jour je sois appelé « Révérend Pasteur » ; non ! En effet, je ne suis pas issu d'une famille très riche mais en matière de renom et titres honorifiques, mon nom n'est plus à présenter, je ne cherche pas le titre, c'est le titre qui me cherche ! Par la grâce de Dieu, où que je sois, toute ma vie a été couronnée de titres et de succès. C'est Dieu qui le veut ainsi et que toute la gloire lui revienne.

Mais aussi, Ben, je ne suis pas venu à la fac pour qu'à la fin j'aie un auditoire ; en effet, tu le sais bien, grâce à Whatsapp et Facebook, en ce moment, plus de 90 000 personnes me suivent en ligne et ne cessent de s'ajouter du jour le jour ; « Mission d'Impact » et « Découvertes Etonnantes » m'ont offert un large public que j'en bénis le bon Dieu. Je ne suis pas non plus à l'ULPGL pour me trouver un gagne-pain ou de l'argent dans le futur, non mon frère ! J'ai quitté mon travail dans une branche culturelle de l'Union Européenne avec un salaire qui me suffisait énormément car je savais bien ma motivation. Je suis revenu et je reste à la Faculté de Théologie Protestante pour un seul but, et seulement un seul : « *apprendre* ». J'ai besoin de découvrir ce que la théologie pourra apporter de nouveau à ma passion des âmes, juste une nouvelle touche sur comment gagner encore plus de personnes à Christ, et rien de plus !

Et, Ben, la théologie m'a été d'une grande importance. Je ne peux même m'imaginer la petitesse que j'aurais en matière de prédication et d'évangélisation si je n'avais pas fait ces rencontres exceptionnelles avec les éminents professeurs et étudiants de notre Faculté. Pour de vrai, certains cours ont bouleversé ma manière de voir et de comprendre les affaires divines que je dois magnifier le Seigneur pour cette grâce incommensurable.

Cependant, mon plus grand problème avec certains théologiens modernes que j'aimerais exposer longuement dans cette lettre c'est notre approche avec cette théologie de Göttingen, dite la « *Haute Critique* » ayant son grand débat sur le primat de la raison par rapport à la foi. A mon avis, elle nourrit le corps et l'âme de l'homme mais elle affaiblit son esprit ! Et, je le dis par expérience, face à cet affaiblissement de l'esprit, l'homme n'est plus vraiment critique : il juge tout selon les sentiments de sa chair et les pulsions de son âme qu'il n'est plus ainsi étonnant en ces jours, mon ami, de voir certains étudiants théologiens programmés à gober même les enseignements dédaigneux les plus crus à l'encontre de notre Seigneur Jésus. Maintenant, face à cette impasse d'une théologie d'occidentalisation pas trop convaincante, la seule question qui me tarabuste reste : Sur quelles principes les jeunes pasteurs finissants peuvent encore tonifier leurs croyances à Dieu, distinguer l'histoire de l'existence de Jésus de tous les mythes profanes asiatiques ?

Les questions abondent, tu es témoin, dans l'esprit de ces pauvres jeunes étudiants : A qui ou à quoi avons-nous réellement cru ? Et, si notre foi n'a pas Dieu pour base et le christianisme pour raison, à quoi ça sert de prêcher la joie d'être chrétien ? Comment d'ailleurs le ferons-nous ? Avec quelles convictions de base ? Je dois te rappeler une chose, Ben : Beaucoup de nos enseignants ont évolué dans des écoles ayant une même pensée théologie, et donc ils ont une même manière de voir Dieu et ses affaires. C'est ce qu'ils veulent nous imposer au lieu de l'enseigner ! L'enseignement n'est pas forcement l'acquisition ; eux, s'ils croient à ces niaiseries de la Haute Critique, ils feraient mieux de les enseigner que de les imposer. Le comble de l'ironie c'est que leurs assistants - qui devraient, peut-être, avoir une conception différente de choses - finissent également par singer leurs maîtres de gré ou de force pourvu qu'ils soient un jour maintenus au poste ou promus Chefs de Travaux ; voilà ce qui tue notre monde scientifique d'aujourd'hui.

Au lieu de donner libre cours à la pensée, au nom de je ne sais quel rationalisme radical, un vrai traditionalisme sans nom, on nous impose de méthodes bien battues en Occident depuis les siècles passés, tirés des théologies non adaptées à notre situation, et on nous oblige de les avaler ; un peu pour nous dire : « Plus rien à faire ! Les seigneurs ont déjà réfléchi à votre place ». Or, mon frère, quand on a une même manière de concevoir les choses, on n'est pas à mesure d'accepter le challenge. Il suffit qu'une idée opposée à la routine se fasse lever, on se ligue pour la briser définitivement sans comprendre même ses tenants et aboutissants. Quand il y a une même philosophie dans la gestion de la chose, une fois l'erreur s'y glisse, tout le monde a tendance à l'admettre ; c'est la raison pour laquelle je ne cesse de bousculer ces professeurs qui nous viennent avec les idées tirées de leurs écoles européennes et leur demander de contextualiser leurs matières. En science, la contextualisation sépare les faibles des forts, elle diminue l'orgueil. Un de mes professeurs a refusé deux travaux pratiques des étudiants de mon auditoire, arguant que Wikipédia n'est pas une source scientifique fiable ; ironie de l'histoire, lui-même avait dans ses notes de cours tout un chapitre tiré du même moteur de recherche. J'étais triste de le voir ainsi dénigrer publiquement l'effort de ces étudiants que j'étais obligé, sous coulisses bien sûr, de lui étaler preuve à l'appui sa manigance. Rouge de honte, il pouvait se tirer une balle dans la tête chaque fois qu'il osait me regarder. Tu ne peux pas t'imaginer, cher Ben, combien il a été fâché contre moi.

Lors de mon dernier entretien avec certains étudiants de la Faculté de Théologie, ce n'est pas en vain que j'ai commencé par démontrer combien les occidentaux sont très malins. Dès qu'ils convainquent nos savants d'aller en Europe ou en Amérique pour les études, ils les apprennent la haine de leur origine ! Ces érudits nous reviennent « naturalisés », tellement convaincus que le meilleur est ailleurs. Sachant l'impact que cela produit, je ne sais pas que ce qu'il faut dire à l'Africain pour qu'il comprenne une fois pour toute que l'Oncle Sam est un illusionniste, si spécialisé qu'il fait croire à tout le monde qu'il enseigne le droit alors qu'il n'y a rien que la bêtise et l'animosité. Lorsqu'on apprend à quelqu'un de se haïr, on le tient et on le manipule comme on veut. C'est exactement ce qui est arrivé, malheureusement, à nos savants intellectuels. Comme des esclaves surveillés, ils viennent de l'Occident et d'eux-mêmes, ils s'imposent de matières et de programmes, enseignent de méthodes et de techniques étrangères pourvu qu'on les accepte comme scientifiques.

Dans mon travail de fin de cycle, on m'oblige d'y apposer des idées de ces fameux théologiens occidentaux, on met en doute toute idée provenant de moi. Quelle répugnance que de se voir finir un travail de fin de cycle imbibé d'idées et de citations qui, a plus grande partie, ne viennent que des autres ? A ce moment précis, ici à Goma, que peut signifier Dupont, Caretz, Schleiermarcher ou Hegel pour ma petite sœur qui court les rues et se prostitue à cause de problèmes de difficultés de la vie ? Que ce que Ritschl, von Harcnack ou Troëltch et ces autres noms compliqués viennent apporter de plus à la vie de mon petit frère délinquant, qui se drogue faute d'une foi sans fondement ? Tous nos travaux de fin de cycle et mémoires, à quoi servent-ils réellement s'ils ne peuvent pas répondre à une question pratique de notre quotidien ? A quoi sont-ils utiles, s'il faut les écrire scientifiquement avec un français raffiné pour un peuple qui lit à peine et qui ne s'intéressent qu'aux récits et aux histoires ?

C'est une véritable faille théologique, nous ne devons plus nous voiler la face ! Lorsque je vois certains professeurs et étudiants coopérer avec ces principes en silence, j'ai comme l'impression que la Bible, la théologie et l'Eglise n'ont aucun lien avec la vie courante de l'Africain. La Sainte Bible nous enseigne que l'Eglise est un seul corps. S'il est vraiment soudé par le Christ, les frères et sœurs théologiens chrétiens européens qui aident financièrement ou intellectuellement nos facultés de théologie doivent arrêter ce jeu de cache-cache du néocolonialisme et se comporter vraiment comme de frères et sœurs en Christ. Sören Kiekergaard a prévenu contre le courant des théologiens libéraux en disant que, depuis Hegel, l'homme a marché sur la tête que sur les pieds, ils n'ont pas voulu l'écouter. Voulant barrer carrément la route à la théologie libérale, Karl Bath est revenu avec sa théologie dialectique, celle du retour à la Parole qui protestait contre la théologie catholique qui place l'homme et Dieu, la raison et la grâce, la philosophie et la théologie au même pieds d'égalité, malheureusement, ils ont repris leurs anciens enseignements au nom de la liberté de la pensée.

Rudolf Bultmann, Dietriech Bonhoeffer, Frierdrich Gogarten et tant d'autres ont suivi en insistant sur la personne de Christ, l'objet de la théologie qui n'est autre que le Dieu qui se révèle dans le scandale de la croix, la foi qui s'engage à placer la confiance dans « un Dieu faible », qui se laisse clouer par ses créatures, et le christianisme qui traduit la parole, le culte, les sacrements, la prière dans les actions concrètes ; voilà encore les occidentaux revenir en arrière de pensée au nom de la primat de la raison et nous parlent d'un Dieu mort ! Paul Tillich disait que la Parole de Dieu s'adresse toujours à un homme et qu'avant de prêcher aux hommes modernes, il faut d'abord commencer à les écouter et à comprendre dans tous leurs contextes. Où sont les scientifiques, capables de comprendre ces choses si simples ?

Tu es libre, mon Pasteur, de me prendre pour disciple des auteurs indociles de la littérature négro-africaine comme certains ont l'habitude de le faire rapidement mais, cher ami, ça pousse quand-même d'esquisser un sourire moqueur lorsqu'on voit tous ces intellectuels et savants africains, ceux-là même qui prétendent être plus intelligents que nous tous, déposer exagérément leur confiance à un monde qui ne considère plus Dieu, qui commence à vendre ses églises et les transforme en salles de cinéma ou de sport, qui n'est pas en mesure de se trouver seulement 2 000 personnes pour un culte de dimanche,...

Ça peut te surprendre, Ben, mais je ne trouve pas logique que c'est soit là, en Occident où, au nom de la rigueur scientifique, nous sommes obligés ou presque d'envoyer tous les éminents enseignants qui aspirent à leurs masters et études approfondies. Eux qui n'ont plus la connaissance de Dieu, eux qui vendent leurs églises et en font de boîtes de mondanités, que peuvent-ils donc nous apprendre en matière de foi à part les surprises désagréables que certains de ses enseignants suiveurs nous réitèrent ? Pourquoi n'arrivent-ils pas à comprendre, une fois pour toute, qu'avec les occidentaux, nous avons tous la même vie mais nous ne pouvons pas tous avoir les mêmes pensées ? Je n'ai pas le même visage, et donc la même forme du cerveau que toi, Ben ; cela ne leur suffit-il pas pour qu'ils comprennent enfin que tous les hommes sur la terre ne sont pas obligés de réfléchir d'une même manière !

Lorsque je refuse ce que tu dis ou je te critique, cela ne veut pas forcement dire que je ne dépends pas de toi. A quand ces obsédés de la science, suiveurs des athées Occidentaux, le comprendront-ils enfin ? J'appelle les théologiens africains à chercher l'unité de l'Eglise au niveau de la pensée et non des idéologies. On peut penser différemment, et je crois qu'on doit penser différemment, mais la vie nous unit. Et, quelles que soient nos différences d'opinions ou de race, tous les chrétiens du monde doivent vivre la même vie parce que la vie exige les mêmes conditions pour tous. Les pensées et les idéologies divisent, l'histoire en est témoin, la vit unit. Les pensées et les idéologies s'améliorent, changent ou s'évaporent mais la vie reste. Et, comme le dit Papa Makanzu, « le ciel ne sera pas une banque d'idées et des pensées que l'homme aurait magasinées durant son passage sur la terre, mais ce sera une vie, une communion vivante entre les chrétiens et surtout entre Dieu et les chrétiens, les anges y compris ».

En effet, Ben, scientifiquement, la valeur d'une preuve quelconque dépend largement du caractère des témoins. C'est ce qui se passe d'ailleurs dans plusieurs de nos cultures africaines : nous croyons en une information lorsqu'elle est donné par un témoin bien connu par sa droiture, par son comportement et sa tenue ; c'est pour cela qu'une information d'un pasteur a plus de poids que celle d'un politicien. Les auteurs du Nouveau Testament avaient aussi bien compris cela, ils savaient que lorsqu'on met en avance des témoins de mauvaise réputation, personne ne croit au témoignage donné ; raison pour laquelle, à propos de ce débat théologique sur le primat entre la foi et la raison, je propose de soumettre ce test à tous les angles du questionnement surtout à ce qui revient de la crédibilité de ses tenants.

Je semble trop m'attaquer aux Occidentaux ; oui, car le primat de la raison est aussi ancien que la plupart des erreurs occidentales. Par exemple, l'incrédulité vis-à-vis des miracles qui a toujours été un grand point de nos entretiens était déjà soutenue par Celsus au deuxième siècle, puis par Porphyre au troisième, tandis que les anciens Ébionites croyaient en un Christ purement humain. Même au temps de Christ, beaucoup croyaient qu'Il n'était rien d'autre qu'un simple prophète, comme des millions de Musulmans le croient de nos jours. Et moi, Ben, si Dieu a choisi de faire une révélation à l'homme, je ne vois pas pour quels motifs, au nom de la science et du modernisme, je peux toujours vouloir comprendre pourquoi il n'a pas pris soin de la préserver des erreurs humaines. A mon avis, c'est se faire une idée tout à fait basse de Dieu, que de supposer que chaque lecteur de la Bible doit décider pour lui-même quelles pensées proviennent de Dieu et quelles autres proviennent de l'homme.

Ecoute, Ben, je n'aime pas que l'on critique Dieu avec un raisonnement humain. A part les recherches scientifiques où l'on peut se tromper, aucun savant de ce monde qui invente ne permettrait pas qu'on critique farouchement les idées dont il est le seul concepteur ; pourtant, de nos jours, plusieurs enseignants théologiens osent penser que Dieu l'a autorisé pour la Bible. Ils peuvent dire sans se gêner du n'importe quoi sur Dieu et s'expliquent par le fait que c'est humainement parlant. Et alors, soumis à un tel traitement, à quoi ce message de la Vérité de Dieu pour les hommes, la Sainte Bible, devient différent d'un véritable méli-mélo des œuvres humaines, dépourvues de pureté et d'autorité que nous feuilletons dans de bibliothèques ?

Pour la plupart, les personnes qui sont à l'origine de cette critique haïssaient Dieu, la Bible et avaient de préjugés contre elle. Le problème n'est pas de dire que la plupart de libéraux allemands de Göttingen étaient de théologiens, de pasteurs ou issus de familles chrétiennes, non Ben, le problème réside dans leur source même d'inspiration. Disons-le d'avance, Ben, la source de cette démarche de la Haute Critique est impure. Je prends par exemple, le hollandais Spinoza qui, en 1670, avait écrit un livre dans lequel il attribuait la rédaction du Pentateuque à Esdras, ou à un compilateur ultérieur, et il niait que Moïse en fût l'auteur. C'est ce qu'on nous enseigne en théologie. Je ne discute pas maintenant de ses recherches, mais je parle de sa crédibilité ; et, c'est que la théologie actuelle oublie c'est de dire que Spinoza était un juif incroyant, et non pas un chrétien.

Que ce que les professeurs théologiens scientifiques chrétiens sont allé fouiner dans cette mésaventure inspirée d'on ne sait où ? De quoi avaient-ils vraiment besoin ? Un païen ? Un juif incroyant ! Mon frère, Ben, nous ne pouvons pas quand-même attendre d'un tel homme qu'il traite correctement les Écritures. Que c'est soit à l'époque de Moïse à l'époque d'Esdras, ou même à notre époque ; à quoi cela contribue-t-il vraiment à notre foi pour que ce soit un sujet crucial traité en première année de Graduat en théologie ? J'ai suspecte quelque chose, Ben ; je crois que le secret serait de montrer aux étudiants qu'ils ne savaient rien avant d'être à la Faculté, qu'ils trompaient les chrétiens en parlant de Moïse comme auteur et que, conséquemment, c'est la théologie qui leur ouvre yeux. Or, quand nous croyons en ces genres de choses, c'est Spinoza et chaque professeur qui enseigne ses idées que nous prenons pour vrais et Dieu devient menteur ! Je suis théologien, je reconnais les questions complexes et perplexes qui se posent autour de rédaction de Genèse, mais je ne ferais jamais crédit à un homme ! Je crois à la Bible, et à ce qu'elle me dit ! C'est tout pour moi !

Je te parle d'un deuxième cas, mon frère. En 1753, Jean Astruc, un docteur français, a répandu la théorie selon laquelle stipulant qu'étant donné que Genèse 1 utilise le mot *Elohim* pour Dieu, tandis que Genèse 2 utilise les mots *Jehovah Elohim* pour Dieu, il devrait y avoir deux documents originaux, fusionnés ensuite en un seul livre. Ce savant me fait penser à un critique en train de lire un récit de la vie de Soleil Kahindo Lwanzo Isse-wa-Balerwa, et trouvant que je suis nommé à la page au chapitre premier « Soleil Balerwa » et au second « Solly Balerwa », conclue que le livre a été composé de deux documents émanant d'éditeurs ou rédacteurs inconnus. Soyons francs, Ben : Que penserons-nous de lui ? Ne penserions-nous pas plutôt qu'il est hors de sens ? Par ailleurs, admettons que ce qu'il dit est vrai, mais qui était Astruc ? Une revue célèbre l'a présenté comme un libre-penseur et un homme à la vie débauchée.

Un professeur Allemand, Eichhorn, de l'université de Göttingen, a repris les idées d'Astruc, et va publia en 1780 un livre qui les développait. Ce fut lui qui inventa l'expression La Haute Critique. Quelques années plus tard, en 1806, De Wette, professeur allemand de philosophie et de théologie à Heidelberg, a poursuivi la ligne d'Eichhorn. D'autres continuèrent ce travail de critique dans le même sens jusqu'à ce que Julius Wellhausen, en 1878, publia une argumentation qui poussait le bouchon encore plus loin, il croyait avoir trouvé 22 auteurs différents pour les livres de Moïse, tous inconnus. La plupart de ces érudits et professeurs sont des auteurs, Ben. Je lis beaucoup, je sais ce que je vais dire ici. Dans toute la littérature du monde, est-il un jour arrivé qu'un éditeur publie une compilation composée des écrits de plus de 22 auteurs différents, qu'il réussisse à les imposer à une nation entière comme l'écrit d'un seul de ses grands hommes, et qu'il soit ainsi reçu pendant de nombreux siècles sans qu'aucune question soit soulevée ? Et pourtant, c'est ce qu'on nous demande de croire dans le cas de Moïse et de la nation Juive.

Comme tout ce que nous racontent les professeurs là-dessus n'est qu'hypothèse et supposition, rien ne m'empêche à mon tour de croire que les gens ayant vécu plus près de l'époque de la rédaction devraient en savoir plus sur le sujet que les professeurs allemands de notre époque tardive. Si des gens, y compris des instruits compétents, beaucoup plus proches de l'époque de la rédaction, ont reconnu Moïse comme l'auteur unique des cinq livres sans le mettre en question, je ne vois pas pourquoi nous devons nous époumoner à chercher l'auteur et la date exacte, que nous n'arrivons d'ailleurs pas enfin à élucider. Et d'ailleurs, je me reprends, toutes ces recherchent contribuent quoi à notre foi en tant qu'enfants de Dieu ?

Les théologiens qui croient à ces histoires de Wellhausen devraient s'entendre un jour à répondre aux questions qui perturberont la curiosité humaine de l'homme de la rue telles que : « Comment aussi ces 22 auteurs auraient-ils fourni la matière pour produire un tel résultat, même aux mains d'un rédacteur intelligent ? Et même si les 22 auteurs étaient des hommes de lettres brillants, que doit être ce super-génie capable de fondre leurs différents articles en un seul et en faire un tout cohérent ? » Mon cher Ben, supposant que nous soyons à l'époque d'Esdras où la théologie nous apprend qu'on pouvait déjà nommer le livre par un auteur, je pense que l'auteur d'un exploit aussi brillant ne serait caché que le soleil en plein midi dans un ciel sans nuage. Et pourtant, on nous le dit anonyme. Quoi qu'incroyant et immoral, Rousseau a dit de son propre aveu : « Il est plus inconcevable que plusieurs personnes se mettent d'accord pour écrire une histoire, qu'une seule personne en fournisse le sujet. Les auteurs Juifs étaient incapables de l'expression qu'on trouve dans l'évangile, et étrangers à la moralité qui y est contenue. Les marques de sa vérité sont si frappantes et inimitables, que son inventeur devait avoir une personnalité plus étonnante que celle d'un héros ». Si seulement nos théologiens libéraux voulaient bien se soumettre eux-mêmes au test de savoir si leurs « résultats certains » peuvent être prouvés en quelque manière, leur suffisance disparaîtrait certainement.

Canon Cheyne est un tenant bien connu de la Haute Critique. Dans son livre *Modernisme*, à la page 4, l'évêque Welldon écrit que « dans les mains d'un critique comme le Dr. Cheyne, la haute critique aspire à attribuer des dates non seulement aux livres en particulier, mais même aux chapitres et jusqu'aux versets d'un même livre ». A ce qui revient des Psaumes et les livres prophétiques, il explique que la méthode des savants de Cheyne « découpent, par exemple, un simple verset en cinq morceaux séparés, puis ils modifient un mot pour l'adapter à leur théorie, et finalement ils y rattachent un morceau de phrase d'un verset plus bas, simplement parce qu'ils ne lui trouvent une place ailleurs et ne veulent pas le laisser suspendre en l'air. Ils cherchent à tout prix de copier, adapter et coller les textes bibliques pour les situer selon telle ou telle autre époque de leur convenance ». En effet, Ben, c'est de la folie complète ! Au risque de choquer les convenances intellectuelles, c'est ce que j'appelle de la bêtise.

Sachant que j'ai vécu à de périodes aux mutations sociales différentes, tu mènes ce genre d'analyse tout au long de mon livre *Occultisme et Jeunesse* et, en te basant sur les termes et le langage, tu commences à situer mon texte, c'est ce que tu appelleras de la critique ? Que tous les hommes et femmes dits scientifiques y croient s'ils le veulent, mais, pour ma part, je n'hésite pas à appeler cette manière de réfléchir du badinage laborieux. C'est vraiment un grand souci de constater que la génération montante de théologiens prend pour point de départ l'aboutissement des méthodes et techniques de chercheurs inspirés par Satan ; la conclusion légitime et logique c'est l'incrédulité absolue pour nos pasteurs et nos futures églises. Quand l'Eglise de Dieu sera enlevée à la seconde venue de Christ, il ne restera rien hormis la coquille vide d'une profession sans Christ, et il suffira d'un pas ou deux de plus pour achever le processus, et la chrétienté sera complètement et ouvertement apostate. C'est à ce but ultime que contribuent ces courants modernes qui influencent même la théologie.

Comme l'a écrit le Révérend A. H. Finn, un distingué érudit d'hébreu, auteur du livre monumental *La Vrai Valeur de l'Ancien Testament*, cher Ben, c'est dommage de constater que les méthodes employées par la soi-disante 'critique scientifique' « sont les méthodes entièrement non-scientifiques » (p. 12) vu qu'elles sont radicalement corrompues par le fait qu'elles modifient toujours les faits historiques par des présupposés arbitraires. Au fait, quand tu restes informé de découvertes des objets anciens, tu finis par constater que quand nous nous tournons vers le témoignage des fouilles archéologiques, chaque découverte du moment ne fait que renforcer la confiance du chrétien en la véracité et l'exactitude de l'Écriture. Pourtant, nos éminents professeurs de l'Ancien Testament ou de l'Histoire Biblique d'Israël nous enseignent que les fouilles archéologiques n'ont rien donné jusqu'ici qui puisse réhabiliter aucune des histoires dont on donne aux patriarches un cadre défini dans l'histoire de leur époque.

Le cas crucial que la plupart de nos enseignants rejettent délibérément, et que je ne cesse d'évoquer, c'est celui de l'*expédition de Kedor-Laomer* (Genèse 14). Ils me citent le Professeur Peake, arguant qu'il a prouvé que les découvertes archéologiques qui jettent de la lumière sur cette époque ne modifient pas les conclusions des critiques. Or, ce sont ces découvertes qui ont au moins permis d'identifier Hammurabi comme étant Amraphel, roi de Shinhar, mentionné dans l'expédition, et elles ont donné le nom d'autres rois de ce chapitre 14 de la Genèse.

Il est d'ailleurs extraordinaire de voir que ces récits anciens, déterrés après tant de siècles, sont reçus et pris en compte sans qu'on soulève la moindre question sur leur valeur, tandis que l'on remet en question chaque détail de la Bible en y jetant le doute dessus. Ça me surprend, Ben ! Ils pourront encore bien affirmer que les investigations archéologiques actuelles n'ont rien donné jusqu'ici… Or il y a seulement quelques années, cette « sobre critique » dont ils nous parlent tant avait soutenu que Moïse ne pouvait avoir écrit le Pentateuque, parce que l'écriture n'existait pas encore de son temps. C'est faux, pourtant ! Les recherches du Professeur Orr et celles du Professeur Sayce démontrent que longtemps avant l'époque d'Abraham, on pouvait se retrouver au milieu de cités, d'arts, de lettres, de livres, de bibliothèques. Ça, Ben, c'est à l'époque d'Abraham lui-même - celle d'Hammurabi - où nous nous retrouvons à l'apogée de cette civilisation ! Au lieu de croire qu'Israël soit un petit peuple émergeant de l'aube du barbarisme et habitant une petite cité, comme on nous l'enseigne dans le cours d'Histoire d'Israël en parlant surtout de l'époque de David et de Salomon, nous trouvons à la lumière de ces récentes découvertes que c'était un peuple qui, de son propre point de vue, avait été atteint par les limites du monde…

Si la Babylone à l'époque d'Abraham était un pays d'une éducation plus élevée que l'Angleterre de George III, ce que les savants prétendaient « ancien monde » était civilisé ; en effet, les hommes et les femmes lisaient et écrivaient et correspondaient entre eux ; les écoles abondaient et il y avait de grandes bibliothèques, - pourtant à une époque que la 'critique' déclarait dogmatiquement, il y a seulement quelques années, presque complètement illettrée. Pourquoi donc continuer de nos jours affirmer que Moïse ne pouvait pas avoir écrit le Pentateuque ? Ne serait-il pas sage pour nous de continuer de croire à ce que nous dit la Bible, et d'attendre calmement, cher Ben, jusqu'à ce que les fouilles archéologiques - comme nous les aimons tant - nous le confirment un jour ? C'est exactement comme cela que la science doit marcher au même diapason que la foi !

Dans une autre affaire, les savants ont encore déclaré qu'un code de lois n'était pas possible avant la période des rois de Juda ; or *les tablettes de Tel-el-Amarna* ont prouvé noir sur blanc l'existence de l'écriture à une époque où les savants de ce monde, à la lumière de leur connaissance imparfaite, bondissaient immédiatement à la conclusion que l'écriture n'existait pas. A la même époque, la découverte de *la stèle d'Hammurabi* a révélé l'existence d'un code de lois bien avant les rois de Juda. Cette dangereuse et risquée « science » a, pendant plusieurs années, nier l'existence de la nation Hittite (ou : Héthiens), et s'est moqué de l'idée que sa puissance puisse avoir été l'égale de celle de la grande nation égyptienne, comme la Bible le dit. Pendant longtemps il n'exista aucune mention de l'empire Hittite dans l'histoire, si ce n'est dans la Bible. Les fouilles ont renversé tout cela, et il a été démontré que l'ignorance était du côté de savants de ce monde et non pas du côté de la Bible. Les hiéroglyphes d'Égypte et les inscriptions cunéiformes ont mis en lumière cet empire perdu. Son territoire s'étendait de la mer Égée à l'ouest, jusqu'au lac Van à l'est. Sa capitale était Carkemish, et cet empire s'est révélé être un ennemi implacable et redoutable de l'Égypte.

En tant que passionné de l'archéologie biblique, je peux ajouter beaucoup d'autres preuves pour démontrer la fausseté des affirmations de professeurs de la Haute-Critique qu'on nous enseigne à la Faculté mais, faute du temps, je m'arrête par là. De plus, chaque fois que le challenge est lancé c'est toujours la Bible qui a raison et les hommes tort. Dans les recherches, en nous occupant de l'histoire passée, nous sommes toujours confrontés à deux méthodes diamétralement opposées : l'une objective, l'autre subjective, l'une reposant sur la base de faits établis, l'autre sur les hypothèses non étayées d'érudits modernes. Entre les deux, l'esprit formé scientifiquement ne peut hésiter à prendre son camp. Sachant qu'à plusieurs inspirations de la fac, il est certain que la source du courant de la critique biblique est polluée, je le redis encore cette vérité à mes amis pasteurs : Nous ne pouvons pas avoir à la fois Christ et les critiques contre lui et ses commandements, il nous faut choisir qui nous voulons suivre ; Christ ou les philosophes de ce monde.

Aux quelques étudiants devenus adeptes de ces idéologies théologiques, j'ai remarqué, avec tristesse, qu'aucun d'eux ne croit plus à la déité et surtout aux miracles de notre Seigneur Jésus-Christ. Nous devons combattre ces faux enseignements qui polluent nos études et contamineront, à l'avenir, l'Eglise que nous sommes appelés à paître. Les courants libéraux, qui se font passer aujourd'hui dans nos écoles sous couvert de « rationalisme scientifique », ne sont autres que de l'incrédulité sous un nouvel habit, Ben. Ils s'avancent d'un air amical comme pour aider une chrétienté épuisée à redorer son blason, à réfléchir sur toutes les questions de doutes mais ses affinités ouvertement déclarées sont aussi mauvaises - je le dis sciemment et volontairement - que le baiser de Judas, un baiser perfide, corrompu, hypocrite, le pire cas de traîtrise que la Faculté de Théologie pourra offrir à son Maître, le Christ ; une trahison que les pasteurs n'auraient jamais donné à l'Eglise.

Petit frère, dans les jours d'antan, Judas a trahi la Parole vivante, le Christ de Dieu ; aujourd'hui, les théologiens adeptes de ce mouvement satanique trahissent aussi la Parole écrite, les Saintes Écritures, sans lesquelles nous ne pouvons connaître la Parole vivante. Ils ont sapé la vie spirituelle de l'église de Dieu, et ils ont détruit l'effort d'évangélisation, ils ont ôté la vigueur dans la vie chrétienne ; leurs enseignements ont mis l'homme au centre de toute préoccupation du culte, ce qui augmente du jour le jour le flot de mondanité dans nos églises. Il ne faut pas s'étonner, Ben, qu'il y ait de moins en moins de monde même dans nos églises et nos chapelles ; car en ces jours, pour attirer les masses, on oblige à l'Université d'adopter des méthodes occidentales mondaines qui rivalisent avec le théâtre, le cinéma et les spectacles de variété. Je t'ai parlé de mon dernier voyage dans certains pays de l'Afrique de l'Est, les avis affichés aujourd'hui aux panneaux d'information des églises choqueraient nos grands-pères au-delà de toute mesure. Lorsqu'on voyage dans certains pays du monde, on comprend bien cette trahison de la théologie libérale : j'ai vu des églises où on essaie de mettre de jeux de cartes, de spectacles dramatiques, de danses ignobles, ... dans une tentative de retenir les masses, mais c'est sans résultat !

Dernièrement, j'ai rencontré un ami marocain, jeune cinéaste, qui me disait qu'il voulait commençait ses études universitaires en Faculté de Théologie mais que, fort malheureusement, il était déçu de la manière méprisante avec laquelle son professeur d'Initiation à l'Exégèse traitait la Parole de Dieu. Il a été obligé d'interrompre son cursus théologique et est allé se réfugier à l'Académie de Beaux-Arts. Chaque fois, surtout pendant les repas et les repos, je me rappelle, il me disait en taquinant : « Pasteur Cinéaste, viens te mettre à côté de ton collègue Cinéaste Pasteur ! » Et, pendant ces 30 jours d'ensemble, j'ai compris cette colère qu'il ressentait encore contre ce « vaurien d'homme de Dieu », selon ses propres mots. Son amour qu'il avait Pour Dieu et son église, sa passion pour l'évangélisation des musulmans, et enfin sa nostalgie du paradis perdu qu'il perdait chaque jour dans les mondanités du septième art ! Hélas ! Malgré mon invitation et mon insistance pour qu'il aille à la fac, il ne cessait de me parler de péchés que ce choc a engendrés en lui, ses difficultés à revenir au vrai sens du christianisme et du fait qu'il ne conservait plus en lui aucune trace de religion.

Comme ce jeune homme, à cause de ses enseignements sataniques à caractères scientifiques, cher Ben, beaucoup de jeunes appelés par le Seigneur se fourvoient du chemin, perdent leur vocation et s'en vont ainsi complètement à côté de la plaque de Dieu. Dernièrement, un de mes mentors, m'a raconté que dans un pays d'Europe, un journaliste africain a suivi un cours d'une année dans un collège théologique avec l'idée de devenir pasteur. Il a été influencé par ces courants périlleux de théologies libéraux, a perdit toute foi en la Bible et, finalement, il a dérivé dans une vie entièrement sans Dieu, et mourut ainsi. En Deuxième année de Graduat, pendant que nous sommes allés consoler un condisciple frappé par la mort, j'ai fait la lecture de Lamentations 3, 19-21. A notre retour, j'étais surpris d'entendre un autre condisciple me dire : « Solly, comme toi, j'aimerais encore croire en la Parole de Dieu. Cependant, en revenant au texte que tu venais de nous lire, crois-tu vraiment que Dieu dit la vérité ! Les blancs doivent bien se moquer de nous de voir que nous croyons à ces histoires qu'ils ont inventées ! »

Un ami de longue date, condisciple parti maintenant en mission, après une expérience dans deux paroisses de son fief d'origine, m'a confirmé avec ferme conviction : « Qu'on ne te trompe pas, mon frère ; beaucoup de professeurs qui nous enseignent ne connaissent pas Dieu. Mieux qu'eux, nous sommes ici un exemple de foi pour beaucoup ! ». Quand je suis arrivé à la Faculté, pour essayer de me culpabiliser et montrer qu'ils sont de loin supérieurs à moi, certains jeunes enseignants me disaient à maintes reprises : « Toutes tes prédications n'étaient que farces ! T'as menti les gens pendant beaucoup de jours, c'est maintenant que tu viens apprendre ! » Ben, si Satan avait voulu imaginer le meilleur moyen de discréditer la Parole de Dieu et ses révélations, il n'aurait pas fait mieux que proposer aux théologiens l'orgueil de la maîtrise de la connaissance. Le mal c'est que, aujourd'hui, beaucoup de théologiens, comme Wellhausen, n'arrivent plus à croire en l'inspiration de l'Ancien Testament. Ils prennent certaines parties de la Bible qui ne s'accommodent pas avec leurs croyances comme une supercherie.

Ainsi, le Docteur Marcus Dods, un jusqu'au-boutiste libéral, confessa clairement à la fin de sa vie : « Je suis un relaps... Je ne trouve aucun intérêt à prier ». Comme la plupart d'adhérents de ce mouvement, il confessa qu'il n'avait pas prié pendant des années, et il mourut dans un brouillard spirituel. C'est triste pour un homme qui, pourtant, avait bien commencé sa course ! Le Docteur A. B. Bruce, un de ses camarades, décrit par lui comme « le plus grand pionnier de la pensée théologique de notre temps », mourut aussi sans la moindre conviction chrétienne. Le Docteur Cheyenne, grand leader de la Haute Critique, est mort Bahaïste, dans une religion syncrétique.

Quand nous arrivons aux déclarations d'ordre général, cher Pasteur, la liste des sujets d'accusations est terrible. Kanzo Uchimura, éditeur à Tokyo d'un magazine appelé « Étude Biblique », a écrit : « Il y eut un temps où nous envoyions nos fils et nos filles en Amérique et en Europe, pour y croître dans la foi et s'y affermir. Le temps est venu maintenant où nous avons peur d'envoyer nos enfants à l'étranger, car beaucoup sont partis bons chrétiens et sont revenus à la maison réprouvés et apostats. Il est impossible qu'il n'arrive pas des scandales ; mais malheur à celui par qui ils arrivent ! » Qu'une telle réprimande vienne d'un pays païen comme le Japon, mon ami, je crois qu'il est grand temps pour l'Eglise de l'Afrique et d'ailleurs pour tout vrai chrétien - même vivant en Europe ou en Amérique – d'ouvrir une brèche un peu attentionnée en faveur de la foi et d'un sain enseignement. Je connais qu'il y a des Occidentaux qui luttent contre cette mauvaise graine qui veut se profiler dans le christianisme mais je plaide en faveur d'une théologie africaine authentiquement apostolique chrétienne car, après le contact de tous ces courants, je crois qu'il revient à l'étudiant intelligent de se faire sa théologie.

L'Occident et ses courants de pensée prêche et pervertit l'Evangile par la mauvaise direction et ses dérobades. A cause de ses enseignements humanistes, au nom de la civilisation et du développement, le théisme perd de plus en plus sa valeur dans notre vie de chaque jour. Ces théologiens nous incitent à nier la paternité de Dieu et la fraternité de l'homme. Tu sais, Ben, j'aime la Systématique car un athée peut faire l'exégèse ou la théologie pratique mais jamais il ne peut s'hasarder en Théologie Systématique ; cette dernière le ramènera toujours à la foi ! Les théologiens Africains doivent d'abord se libérer scientifiquement avant de se libérer spirituellement. Que les critiques contre Dieu soient répandues, cela n'est pas surprenant, car l'Écriture l'annonce, et c'est une preuve supplémentaire de son inspiration. Tandis que nous savons que la marée montante de l'apostasie continuera à inonder toujours plus jusqu'à ce que l'Antichrist, l'homme de péché, apparaisse, nous savons que cela signifie pour les vrais croyants le retour imminent du Seigneur pour enlever Son Église.

Ma prière actuelle c'est que les pasteurs Africains comprennent leur rôle de l'évangélisation mondiale ; c'est à nous d'aller enseigner la théologie et la foi dans les foyers occidentaux obscurcis par les philosophies humaines, pas à eux de venir vers nous ! Satan voile les yeux du monde et fait en sorte que beaucoup de ces pasteurs et chrétiens libéraux croient honnêtement servir Dieu et sa vérité. Cependant, Ben, il faut être terriblement aveuglé pour partager leurs pensées. Les étudiants, futurs pasteurs, qui croient à ces nouvelles doctrines sont des hommes mauvais car ils approuvent un travail terriblement mauvais pour l'Eglise ; ce sont des séducteurs car ayant été séduits, ils séduisent beaucoup de fidèles en détournant la vraie compréhension de l'Écriture.

Ils vont de mal en pis, comme nous dit la Bible. Or, je t'assure, Ben, à notre Faculté de Théologie, la génération suivante va sûrement prendre comme point de départ les idées qui étaient l'aboutissement de la génération précédente. Ils trompent sans aucun doute, mais eux-mêmes sont trompés. Et, mon ami, ceci explique comment ils peuvent faire « honnêtement » le travail du diable sans s'en apercevoir de la magouille. Dans leurs propos, surtout lorsqu'il s'agit de la prospérité matérielle de l'homme, il y a beaucoup de passages éloquents et beaux exaltant le Seigneur Jésus et Son œuvre, mais ils sont mélangés avec d'autres qui les gomment entièrement. C'est comme si une équipe d'ouvriers s'étaient mis d'accord pour que la moitié d'entre eux sape les fondements d'un bâtiment, pendant que l'autre moitié distrairait l'attention des gens en faisant les éloges de la beauté de la partie supérieure de ce bâtiment, jusqu'à ce que tout s'écroule dans un fracas terrible, et que le bâtiment s'effondre un jour.

Voici un extrait provenant de « *Les Ravages de la Haute Critique dans le Champs de Mission Indien* ». Je l'ai tiré d'un missionnaire vivant au sud de Madras, il écrit : « J'ai assisté à une conférence donnée à des étudiants Indiens non chrétiens par un leader de premier plan parmi les missionnaires en Inde. Dans cette conférence, il décrivait le soi-disant développement de la pensée religieuse depuis les temps anciens ; il enseigna et défendit la théorie moderne de l'Évolution religieuse. Il mit en garde ses auditeurs que leur religion ne survivrait pas, du fait qu'elle était simplement étroite et raciale. Il leur dit que bientôt, il y aurait une Fédération Mondiale des Religions, et que seules les religions universelles comme le Bouddhisme, l'Islam et le Christianisme survivraient. Il insista auprès de son auditoire qu'il était en pleine sympathie avec toutes les religions, et qu'il avait eu le privilège de rendre culte avec des Juifs, des Musulmans, des Unitariens, des Théosophistes, des Brahmo-Samajistes, et d'autres ; et qu'il voudrait aussi le faire avec les Hindous si leurs coutumes cérémonielles le lui permettaient. Il mit spécialement l'accent sur le fait que les missionnaires en Inde ne sont pas là pour les convertir au christianisme, mais pour faire d'eux de meilleurs Hindous, de meilleurs Musulmans, et de meilleurs Bouddhistes ».

Quelle différence, Ben, trouves-tu entre cet extrait et la philosophie de religions de Troeltsch ? C'est vraiment le caractère repoussant même du « jusqu'où peut aller les pasteurs et étudiants théologiens ? » Rendre culte avec les Juifs qui ont craché au visage de Christ au moment de sa dernière heure, avec les Musulmans et les Unitariens qui nient Sa divinité et sa mort expiatoire… n'est-ce pas là une tendance démonique que l'on veut nous inculquer dans les cours de l'Œcuménisme et de Religions Non Chrétiennes ? Un jour, je me suis étonné de voir un professeur du cours de Religions non Chrétiennes nous exalter ses longs voyages en Asie, affirmant se sentir encore plus croyant en participant aux cultes avec ces religions païennes - l'Indouisme et le Bouddhisme -. Ignorait-il l'idolâtrie et les immoralités indicibles dans les services de leurs temples ? Je ne sais pas, mais tout cela n'est que la pire apostasie ; Ben. A part les raisons de recherches, je n'en disconviens pas d'y faire moi-même un tour un jour, un tel « homme de Dieu » peut conserver le nom de chrétien, pour des raisons qui lui sont propres, mais il ne lui en reste plus un fil.

Mon Pasteur Ben, la Bible revendique son inspiration, non pas partiellement mais dans son absolue totalité, non pas occasionnellement mais toujours, non pas selon un genre d'inspiration mais par plusieurs. Si elle n'était pas inspirée, ce serait une construction basée sur un fondement mensonger et blasphématoire, et elle serait un livre particulièrement infâme. Inversement, si elle est inspirée, alors ce sont les enseignements de ces savants qui sont mauvais et blasphématoires. Dans de nombreux cas, j'ai confiance aux savants de ce monde, quand ils se rendront compte de l'énorme erreur qu'ils ont faite, je crois qu'ils seront en même de dire avec l'apôtre Paul, qui avait persécuté l'église de Dieu, « *mais miséricorde m'a été faite, parce que j'ai agi dans l'ignorance, dans l'incrédulité* ». Il est complètement illogique de penser qu'il est possible d'avoir Christ en dehors de la Bible. Où allons-nous trouver une quelconque connaissance de Christ hormis dans la Bible et par Son Esprit ? Nous ne pouvons connaître Son nom que par Sa Parole.

Les jeunes scientifiques de nos églises doivent bien le comprendre : Il est insensé que de juger Dieu et chercher à expliquer toutes ses voies par le raisonnement humain. Dieu est Dieu, l'homme est homme ! Il faut que je l'admette, Ben, comme tout être humain, je ne me connais pas moi-même. Si Dieu me mettait à la sellette comme Job dans son chapitre 42, je vais vite me rendre compte que je ne peux oser contredire la Bible moyennant un cerveau que je ne maîtrise même pas. Toutefois, si je ne me connais pas, il y a Quelqu'un qui me connaît : Dieu ! La séparation du divin et de l'humain, du surnaturel et du naturel : c'est ça le commencement de la sagesse, en Afrique. Pour toi, Africain, l'athéisme n'existe pas : si la Bible ne te convainc pas, la création te parle. Quand la création n'y arrive pas, c'est au tour de ta propre conscience de te parler. Pour qu'un Blanc croie, il faut prouver à tout prix, ce qui n'est pas forcément le cas pour nous, Africains ; nous nous croyons !

C'est prétentieux et malappris qu'un Européen vienne me dire que ma confiance en Dieu ou en mon prochain s'appelle en d'autres termes la « naïveté ». Nous savons analyser les faits mais les occidentaux doivent comprendre que les Africains ne sont pas faits pour douter de tout ! Oui, Ben, nous ne sommes pas faits pour douter de tout ! Même les professeurs africains très acculturés, tu peux le constater, lorsqu'ils critiquent la religion, ils peuvent s'attaquent à la divinité de Christ, mais jamais à l'existence de l'Etre Suprême. Pour nous, nier l'existence de Dieu, c'est un peu comme nier l'existence de la communauté et donc l'existence de la vie elle-même !

L'athéisme ne colle pas avec la nature africaine ! Certains s'appellent « athées » juste par orgueil scientifique, ou juste pour montrer qu'ils ont côtoyé les « grands de ce monde » mais pas par conviction ! C'est pourquoi je plaide en faveur d'une théologie chrétienne africaine ; en effet, sans Dieu, je sais comment l'homme blanc réfléchit. A part la croix qui nous rapproche, le Blanc et le Noir, nous avons deux manières différentes de concevoir le monde. J'ai travaillé avec plusieurs Blancs quand j'étais encore Attaché Culturel à l'Union Européenne, je sais ce que j'ai dit par expérience : le Blanc et le Noir, nous appréhendons les réalités de ce monde de deux manières diamétralement parallèles pour ne pas dire opposées.

Pour me faire comprendre, je veux prendre un exemple, Ben ! En tant qu'Africains, nous ne savons rien de notre naissance, rien de notre vie, rien de notre mort et tout cela nous importe peu ; cependant, l'homme blanc lui veut toujours tout comprendre, tout expliquer ! Mais, ce n'est pas le cas pour l'homme noir. Quand je ne sais pas, je ne me tracasse pas : je m'arrête sur le fait qu'il y a un Dieu qui comprend tout, auquel je dois me référer pour avancer ! Ainsi, avec Dieu, le Noir, même un non religieux, se retrouve et repose sa curiosité ; pendant que sans Dieu, notre Blanc est perdu dans son raisonnement, ce qui produit, l'histoire des éventions modernes pourra nous le prouver, catastrophe sur catastrophe !

L'homme occidental est vraiment compliqué dans sa réflexion, Ben ! Dernièrement, lorsque je suis allé me faire soigner, j'ai rencontré deux médecins blancs vraiment spécialistes. Après avoir lu mon rapport médical, l'un d'entre eux est venu me demander si c'est vraiment moi qui ai dit que je n'aime pas manger la plupart de légumes. J'ai répondu à l'affirmative et, à ma grande surprise, il m'a posé la question : *Pourquoi ?* Mais... je ne les aime pas et je ne peux pas savoir expliquer pourquoi ! C'est comme ça que mon corps fonctionne, je n'aime pas plusieurs sortes de légumes, c'est tout. Mon cher Ben, il y a en nous de choses que nous ne pouvons contrôler tout simplement parce que nous ne savons pas tout de nous ! De fois, avec l'orgueil scientifique, certains érudits se croient scientifiquement mieux équipés et mieux raisonnables pour trouver la réponse à toutes les questions ; mais les choses que nous estimons plus raisonnables, nous les avons souvent hérités des autres gens qui nous ont influencés et qui peuvent aussi se tromper. Ainsi, à mon avis, il nous manque, cher Pasteur, des bases solides pouvant nous permettre de trop nous questionner sur Dieu. La base de notre foi en Dieu se trouve dans la Bible, c'est la Bible qui juge mieux que tous les hommes de la terre, elle est plus raisonnable que nous tous, car elle pense comme un homme normal devrait penser !

Pendant que j'étais encore en Psychologie à l'UNIGOM, le professeur Matsoro nous disait inlassablement : « l'homme vit dans l'inconscient, jamais dans le conscient ». Cette idée est restée tellement encrée en moi que j'essaie souvent de la vérifier dans plusieurs situations de la vie. Et, mon cher ami, je me suis rendu compte que l'homme, même le plus grand théologien du monde, quel qu'il soit, est très mal placé pour juger et condamner Dieu car, s'il vit dans l'inconscient, cela signifie automatiquement qu'avec sa perception, il voit mal d'abord, et ensuite il ne voit pas tout ! La science nous apprend qu'un sac de 72kg sur la Terre ne pèserait que 12kg sur la Lune car ici il y a moins de gravité ; ce qui nous montre très clairement que la réalité du jugement dépend du lieu où nous nous trouvons et surtout de notre perception.

L'année passée, dans une conférence avec certains étudiants des universités de Butembo, j'ai démontré que contrairement à ce que le monde dit « scientifique » cherche constamment à nous faire croire, la science n'a pas une institution parfaitement objective, c'est-à-dire qui voit la réalité exactement comme elle est. Je sais qu'avec l'objectivité de la science, l'on peut être assuré de certaines choses mais il y a tellement d'autres choses qui nous semblent scientifiquement absolues alors qu'elles ne les sont pas. L'histoire des inventions et découvertes nous montre que même ce que nous définissons comme une vérité aujourd'hui sera peut-être une connerie dans 100 ans. Je le redirais encore : Sans Dieu, l'homme ne sera jamais à mesure de bien nous dire tout ce qui revient de la couleur, du sexe, du poids et de la dimension des choses spirituelles !

En 2016, j'accompagnais une vedette américaine de Hollywood à Kanombe, à l'aéroport de Kigali. Cette jeune dame me disait qu'elle était athée et que, pour croire en Dieu, il fallait que je lui démontre le commencement de Dieu car tout ce qui existe a un début et une fin. Comme l'avion de son itinéraire tardait un peu, le rwandais qui nous a chaleureusement bien accueilli nous a conduit au siège social de *Rwandair* qui se situe juste à l'étage principal de l'aéroport. Une fois dans ce joli bâtiment, Madame la Cinéaste, apparemment intéressée par notre débat qui a commençait depuis les locaux de l'Alliance Française de Goma et tout au long de notre route, a repris sa demande sur l'existence de Dieu. Avec mon anglais de débrouillage, j'ai essayé de lui expliquer que si c'est là le postulat des athées pour croire en Dieu, je pense qu'ils se trompent énormément vu que nous avons, dans ce monde, des sciences et des vérités qui n'ont jamais eu besoin d'un commencement pour exister. 4 + 4 = 8, cette vérité, quand a-t-elle commencé ? Et quand finira-t-elle ? Pourtant, je sais qu'elle existe et je crois que c'est vrai !

J'ai donc expliqué que la science des mathématiques était toujours là, il suffisait seulement qu'on la découvre. La musique était toujours là, même pour les peuples reculés et analphabètes, il suffisait simplement que l'on découvre les notes musicales ! Et, l'amour, la vérité, la justice, ... toutes ces qualités, ont-elles vraiment besoin d'un papa et d'une maman pour que je comprenne qu'elles existent ? Même s'il y aura de vérités que je verrai par l'œil, il y aura d'autres que je pourrais voir seulement par mon esprit ; c'est le cas de nos ancêtres qui ont vu l'arrivé des colons, des missionnaires, des avions et même le voyage interplanétaire bien des années avant que cela ne se matérialisent ! L'univers reste un mystère, le peu que l'homme a découvert nous stupéfie, la création nous remplit d'étonnement que même, après tant de complots étrangers contre notre continent, la survie de chaque jour de l'Africain est une preuve de plus de l'existence de Dieu ! En effet, Ben, chaque théologien doit vraiment l'accepter : Vouloir comprendre Dieu au moyen de l'intelligence et du cerveau humain c'est, comme le dit le plus souvent l'éminent Professeur Kandiki Valère, « vouloir contenir la mer dans une coquille de noix » ou « essayer de mesurer tout le firmament avec un simple mètre » ! Pour nous, Africains, l'existence de la morale et de la conscience sont de grandes preuves de l'existence de Dieu.

Presque partout où je passe, les jeunes de nos églises me demandent : « Eh, bien, Pasteur, que ce que je suis sensé faire et ne pas faire pour réussir dans la vie ? » Cette question, Ben, montre que quand l'Africain voit un homme qui apprécie le bien, il sait qu'il y a quelque part la source de cette beauté. L'Africain, quand il fait mal à autrui, il a toujours de remords ! Je le constate chaque fois que je suis en écoute ou en dialogue pastoral, même ceux qui m'ont délibérément calomnié n'hésitent pas à demander pardon et à confesser que ce n'était pas eux mais une force du mal qu'ils ne peuvent pas contrôler. Or, si nous sommes troublés d'avoir mal agi, cela est un signal fort qu'il y a un jugement qui nous attend, un enfer, vu que le trouble que nous ressentons en tuant ou en volant les biens d'autrui est de loin comparable de la culpabilité que nous ressentons lorsque nous commettons une erreur de grammaire, de vocabulaire ou de calcul. La culpabilité de nos péchés nous poursuit toujours comme s'il y avait un être plus grand que nous, un supérieur à qui nous devons des comptes.

Pourquoi les athées scientifiques nous demander d'ailleurs de leur montrer Dieu avant qu'ils ne croient en Lui ? Lorsque je commençais à enseigner sur les démons et leurs ravages, beaucoup de nos enseignants de la Faculté de Théologie me disaient qu'ils sont tristes du fait que je raconte aux gens des histoires à dormir débout. Avec eux, je prenais toujours pour exemple l'électricité. En effet, mon Pasteur, la réalité n'est pas seulement ce que nous voyons à l'œil nu. Tu sais, mon ami, quand tu vois un câble à l'œil nu, tu ne vois que le fil, pas l'électricité elle-même ; l'électricité n'a jamais eu de dent, de poison, de venin ou de griffe pour tuer, pourtant elle tue !

C'est-à-dire que l'électricité produit une quantité d'énergie mais, avec l'œil physique, elle n'est pas énergie, elle peut brûler et provoquer d'énormes incendies mais elle n'est pas feu, elle peut refroidir de l'eau dans un frigo mais elle n'est pas glace, elle peut pousser de grosses machines et soulever de tonnes de kilos mais elle n'est pas lourde. Ben, apprenons aux fidèles à ne pas mépriser les choses invisibles ; nous devons apprendre à reconnaitre leur puissance par leurs effets ! C'est le cas, dans le monde spirituel, il y a des forces bonnes et mauvaises, elles sont invisibles mais nous le voyons à cause de leurs effets, par leur agissement, nous savons qu'elles sont présentes et qu'elles existent. Dis à tes paroissiens, mon frère, que pour nous, la croyance en un Dieu ne vient pas des préjugés, qui diffèrent de temps en lieu, mais de la profondeur de notre âme.

Ces derniers temps, dans notre groupe Facebook « Découvertes Etonnantes », nous débattons sur la question : « Entre la poule et l'œuf qui a commencé en premier ? » Je lis de commentaires et, pour les athées, c'est le hasard qui a produit cela. « Combien de cornes a Satan et sa queue mesure combien de mètres ? », a commenté un autre juste pour gâter l'ambiance ! Un commentaire survient en réponse : « Si personne ne le sait, donc il n'existe pas ». J'essaie de recadrer le débat en mettant un bref commentaire sur la résurrection de Jésus ; ce qui fait ceci d'un internaute : « Est-ce que Jésus était vraiment ressuscité ? » Une réponse tombe sans tarder : « Non, car Michael Jackson et tous les autres hommes et femmes célèbres seraient aussi déjà ressuscités ». « Si Dieu existe, qui sont ces parents ? » Un peu comme pour dire : Si on ne les trouve pas, son histoire devient de mythes pour faire dormir les petits enfants. « Si Dieu existe, pourquoi laisse-t-il Satan et le mal vivre ? » Ce sont autant des absurdités que les savants athées actuels ont imposé à la jeunesse, cette l'élite intellectuel mais, soyons concrets, Ben, même si certains noirs acculturés par le soi-disant « Modernisme » ou « Intellectualisme » commencent aussi à se poser de questions pareilles, un vrai muntu ne pourra jamais réfléchir de la sorte sur Dieu !

Le problème, l'a bien souligné Papa Makanzu, les Blancs ne savent pas mettre chaque chose à sa place. Eux ne savent pas qu'un lit n'est pas un endroit pour travailler, penser et concevoir les idées. Eux ne vont pas dans la chambre à coucher pour dormir, ils ne vont pas au lit pour se reposer. Dans leurs chambres à coucher, il y a de chaises, de tables, de journaux, de tablettes, des ordinateurs, de radios et de télévisions ; tout ce qui est fait pour ne pas se reposer et trouver sommeil.

Quand bien-même son corps est fatigué, un blanc refuse de se reposer ! A peine veut-il prendre sommeil, qu'une idée pénètre sa pensée, il est obligé de renouveler ses forces, écrire et calculer, conçoit de plans et là, il peut dormir. Une fois au lit, il regarde le décor de sa chambre et, sitôt que son regard se pose sur le calendrier, il sursaute du lit, réfléchit longuement sur cette nouvelle idée qui le pique et cela va jusqu'au petit matin pour une pénible journée où il est obligé de se faire tuer au travail. Dans la Sainte Bible, Dieu nous dit : « Travaillez la journée, dormez la nuit », l'homme blanc nous dit : « Non, Dieu s'est trompé, travaillez le jour, travaillez la nuit ». Dans la Sainte Bible, Dieu nous dit : « Travaillez six jours de la semaine, et consacrez en mon honneur un jour, ça sera le jour de votre repos », l'homme blanc nous dit : « Non, Dieu s'est trompé, travaillez tous les jours, tous les jours vous appartiennent ».

L'homme blanc n'écoute pas, Ben, il veut porter à lui seul le monde entier dans son cerveau. C'est pourquoi ils travaillent même quand il lui faut se reposer, il réfléchit même quand il lui faut dormir ; on dirait qu'il est appelé à corriger Dieu coûte que coûte et que s'il se reposait, Dieu, pour autant qu'il existe, va « tripoter » le monde encore plus. Comme le disait ma mère, paix à son âme, l'homme blanc est une vraie machine électronique, il conçoit beaucoup d'idées, mais il en prévoit très mal les conséquences. Mais, quand on surprend un Noir dans son sommeil, il n'est pas étonnant de constater tous ces coussins tombés par terre, ses couvertures froissés, tout son lit en désordre ; c'est ça nous, Ben !

La science et l'évolution scientifique seraient un grand atout pour le monde moderne. Le mal c'est qu'avec ce cerveau fatigué, l'Occident nous offre les bombes en voulant anéantir les conflits sur la terre, ils mettent en œuvres de grands projets d'infrastructures et inventent les missiles pour tout détruire ! Jour et nuit, dans les usines sanitaires, les Blancs se tracassent pour prolonger la vie alors que dans leurs usines d'à côté, ils se spécialisent dans l'invention de trucs qui polluent la nature. Ici, ils lancent de grandes maisons pour lutter contre les microbes et le cancer, là ils soutiennent ceux qui raffinent de l'alcool, du tabac et de la drogue.

D'un côté, l'Occident invente les produits chimiques pour multiplier la nourriture dans le monde et améliorer les conditions de la fécondation, de l'autre de pullules anticonceptionnelles. D'un côté, il nous parle de droits universels de l'Humain, de l'autre ils apposent leur droit de veto. D'un côté, il s'accroche aux projets du développement de l'Afrique, de l'autre il vole nos ressources en achetant les matières premières le moins cher possible. J'ai peur de l'Occident, Ben, au nom de la Bible, il sait combattre la polygamie en Afrique pendant qu'il nous ouvre un monde où il suffit de cliquer quelque part pour signifier qu'on est majeur et qu'on peut facilement accéder à la prostitution, à la pornographie et aux orgies de toute sorte. A part ces « exploits », je ne vois pas à quoi d'autre un cerveau fatigué peut-il nous être si utile !

Pour comprendre l'histoire originelle de ma famille, je suis allé voir le grand frère de mon papa, le Révérend Pierre Syaytsutswa. Dans notre long entretien, je lui ai posé tant de questions sur les indépendances africaines. En bon historien, il m'a dit que les colons étaient toujours pressés, même lorsqu'on les transportait sur le typoy. On les voyait chaque fois importuner leurs porteurs, ils les obligeaient de trottiner comme des chevaux pour qu'ils arrivent plus vite à destination. Tout ce qui intéressait les blancs c'était de courir, toujours derrière le temps ! Un jour, le plus vieil d'entre les noirs a boudé. Lorsque son bourreau voulait obliger à tout le clan de se soumettre à coup de bâton, l'homme noir a dit à ses fils et petits-fils : « Non, mes enfants, c'en est trop ! Nous nous révoltons, nous refusons de continuer le voyage à cette allure ! Nous marchons plus vite que nos âmes (la conscience) qui sont restées bien en arrière. Nous sommes déjà ici sans âmes, mais dites à ces blancs que nous ne bougerons pas d'ici, nous allons attendre jusqu'à ce que nos âmes nous rejoignent ». Et, selon notre narrateur, c'est là la période qui marque le début des indépendances.

C'est ça le problème avec nous, à notre faculté de Théologie. Courir, toujours courir mais pour quelle destination ? En refusant d'écouter leurs confrères qui voulaient faire revenir les théologiens libéraux à la raison, les blancs doivent comprendre qu'ils sont restés vides, sans Dieu. Ils sont devenus un peuple sans âme car ayant laissé leur intelligence en arrière et court vers une science sans conscience ! Mon frère, Ben, moi, croyant muntu, je refuse de suivre cette théologie athée occidentale dans son futur chaotique sans âme ; nos églises africaines n'ont pas besoin de savants sans âme, mais de sages avec Dieu. Je refuse de soumettre mon esprit aux savants théologiens dominés par les idées d'un peuple dont le cerveau ne se repose pas. Là où un blanc trouve une opportunité de se suicider, un muntu, du fait qu'il soit encore vivant, y voit un sujet de remercier Dieu.

Pour nous, les Bantu, la vie et la communion est ce qui compte plus que tout ! Quand l'homme blanc voit une maison, il pense au matériel qui la constitue, aux bétons et aux sacs de ciment mais quand un homme noir voit une maison, il pense aux gens qui y habitent. Quand l'homme blanc voit la nourriture, il pense aux microbes et aux éléments nutritifs qu'elle peut contenir ; par un contre, devant la nourriture, un homme noir pense à la communion, à la joie, et à toutes les conversations joyeuses qui se font autour de la table, ... Chez nous, Ben, rien n'est meilleur que la communion. Tout peut être mal mais je me sens bien quand tout le monde est là ! Cette image de la communion de nos tribus africaines me fait penser à l'Eglise universelle. L'Eglise, c'est une communauté autour de son Seigneur ; comme en politique, la majorité des églises inspirées au modèle occidental reste tachetée de divisions et de querelles. Au lieu de prendre du temps pour réfléchir, les dirigeants de ses églises travaillent chaque jour sans se reposer, tous leurs débats circulent autour de postes à occuper, de titres à gagner, de profits à tirer, ... tout tourne autour de la gloire de leurs « nouvelles idées », ils oublient que les idéologies tuent mais que c'est l'Esprit qui donne la vie.

Pourquoi ces intellectuels Africains qui prétendent être plus intelligents que nous autres n'arrivent-ils pas à comprendre une fois pour toute que nous avons tous la même vie, mais que nous ne pouvons tous avoir les mêmes pensées ? N'est-ce pas cette différence, Ben, qui nous appelle à continuer à chercher l'unité dans l'Eglise au niveau de la vie et non au niveau de pensées et des idéologies ! On peut différemment, et on doit penser différemment, mais on doit vivre la même vie parce que la vie exige les mêmes conditions pour tous. Les pensées et les idéologies divisent, mais la vit unit ! Les idées changent, s'améliorent et s'évaporent mais la vie reste. D'ailleurs, le ciel ne sera pas non plus une banque d'idées et de pensées que l'homme aurait économisées durant son passage sur la terre, mais ce sera une vie, une communion vivante entre les chrétiens et surtout entre Dieu et les chrétiens, y compris les anges.

Non, Ben, ne laissons pas celui est dans le faux fixer les règles du jeu, juste parce que nous pensons qu'il a le moyen ou la capacité. S'il persiste et veut s'éterniser à la place du Christ, ne jouons plus à son jeu, faisons-lui savoir qu'il s'agit maintenant d'un nouveau jeu, avec de nouvelles règles. Il est de notre devoir de ne pas faire l'apologie de la théologie occidentale, mais de construire en examen critique de notre théologie à partir de leur vision. Où est cette jeunesse qui va se lever pour soutenir ces héros de la foi qui sont en train de disparaitre à notre Faculté ? Où sont ces jeunes pasteurs qui refusent ce faux « Evangile de la prospérité » pour frayer chemin à la Parole de Dieu ? Paul est en train de dire à Timothée : « Que personne ne méprise ta jeunesse », « Sois un modèle en parole, en conduite, en amour, en foi, en pureté », « Ne néglige pas le don de Dieu qui est en toi », « Veille sur toi-même et sur ton enseignement » ou « Occupe-toi de ces choses ». Timothée n'est pas le pas le chouchou de Dieu, Ben, il n'a pas plus de valeur que tous ces jeunes de la Communauté Baptiste au Centre de l'Afrique qui sont choqués de la routine, et veulent voir les choses changer et se heurtent aux grandes oppositions ; Timothée était seulement un fils spirituel de Paul, comme nous le sommes de plusieurs professeurs et pasteurs. Comme la plupart d'entre nous tous, il a hérité de la foi dès son jeune âge et était consacré dans la maison de Dieu.

Beaucoup d'entre nous, je le sais, ne croient plus en rien. Sans repères, ils errent çà et là selon les courant du moment, ne sachant à quel saint se vouer. Ils sont méprisés par les « grands » et beaucoup se méprisent eux-mêmes à cause de leur inexpérience. Désespérés, ils se livrent à l'oisiveté, au péché, au mal. A l'université, au travail, à l'église, notre société est tellement souillée qu'il semble difficile aux jeunes chrétiens de garder la sainteté. Dieu seul sait, Ben, combien de nos amis étudiants souffrent du rejet, d'abandon, de complexe, combien ne croient plus à leurs capacités, à leurs dons et même à l'avenir ; cependant, malgré toutes les épreuves que notre foi traverse en ces jours, ma prière, cher Ben, c'est que chaque étudiant de la faculté de Théologie comprenne que l'honneur de Dieu est que les fils et les filles se lèvent comme un seul homme contre le mal pour impacter positivement cette génération.

Comme nous avons les étudiants de tous les postes, ma foi me dit que Dieu va susciter des Timothée dans chaque ville, chaque village, partout où reste son église afin qu'à travers son exemple les bonnes vertus de Dieu soient annoncées. Les jeunes pasteurs ont besoin d'un mentorat conscient, des hommes et femmes de Dieu qui doivent leur dire combien ils sont précieux, qu'ils ont de la valeur pour Dieu et pour l'Eglise, qu'ils ne sont pas nés pour être rempli de souillures et d'immondices de tout genre ; ils doivent arriver à comprendre qu'ils sont réellement le temple de Dieu. De même que le monde a ses stars et ses vedettes, Dieu veut des jeunes qui n'ont pas fléchi aux Baal, aux Astartés et autres dieux de ce siècle ; une nouvelle génération de stars, porteuse d'une nouvelle révélation, d'un nouveau souffle, et surtout d'un nouveau message d'espoir pour ce monde ; une génération de jeunes nés de nouveau, porteurs de vraies valeurs du Royaume dans ce monde par leur parole, leur conduite, leur amour, leur foi et leur pureté ; ces jeunes qui ramèneront le cœur des hommes vers leur Créateur.

Mon cher Ben, alors que le monde ne s'attend pas à ce que les jeunes dirigent les grandes assemblées, les défis du moment nous montrent que les réalités de demain seront toutes autres. Comme Dieu, à travers Timothée, veut nous montrer qu'il a un regard diffèrent des hommes envers la jeunesse, ces genres de réalités arriveront très prochainement à la Communauté Baptiste au Centre de l'Afrique. Demain nous appartient ! Brisons les barrières, ressourçons-nous auprès de Dieu et de ceux qui nous ont précédés dans la foi. Sachant la tâche qui nous attend demain, nous sommes appelés à prouver dès aujourd'hui que nous sommes dignes de respect car, que nous le voulions ou non, le comportement que chacun de nous, en tant que pasteurs, affiche envers Dieu et les affaires spirituelles a de répercussions devant le ministère que nous exerçons devant ces hommes qui nous observent. Ici, je ne t'appelle pas, Ben, a une hypocrisie pour paraître plus respectable ou plus respectueux, mais j'aimerais te dire : sois respectable, digne de respect ! Et, tu ne le seras que lorsque tu comprendras ce qui est important et ce qui ne l'est pas pour toi et ton ministère !

Paul ne veut pas que Timothée soit méprisé pour son jeune âge, il doit servir d'un modèle ! Un modèle c'est un repère, c'est ce qui sert ou doit servir d'objet d'imitation pour faire ou reproduire quelque chose, c'est ce qui attire et influence... Et, chez l'Apôtre Paul, pour qu'une église influence positivement le monde, elle doit porter son regard et concentrer son énergie vers la jeunesse. Il veut que les jeunes soient de modèles en parole, en conduite, en amour, en foi, en pureté ; et quand nous comprendrons vraiment cela, lorsque la jeunesse dira : « Imitez-moi... Soyez mes imitateurs comme je le suis de Christ », le système du mal connaîtra un bouleversement d'un réveil spirituel sérieux ! Que Dieu suscite des hommes et femmes de mon église qui nous ont précédés dans la foi à enfanter avec joie cette génération dont l'Eglise de Jésus souhaite, ces Timothée qui vont continuer leurs œuvres combien louables !

Quand les jeunes pasteurs vont s'ériger en modèles, quand tous les ministères des jeunes vont comprendre la forme, qui est Christ, auquel ils doivent se conformer pour donner l'image de Dieu à la terre, la prophétie de Joël va encore se réaliser chez nous. Dans cet appel à l'imiter, l'objectif pour Paul n'est pas que Timothée soit comme lui, non, son objectif c'est que Timothée soit comme Christ que Paul lui-même imite ; en imitant ces jeunes héros de la foi, l'Eglise ne doit pas devenir comme eux mais plutôt comme Christ qu'elle imite.

Un cas biblique m'inspire, Ben : le jeune Elihou de Job 32. Il est jeune comme toi et moi, il sait écouter attentivement les vieux et ceux qui l'ont précédé et il est révolté pour le changement. Dans ce passage, après avoir écouté les trois anciens qui condamnaient Job et Job qui se justifiait sans cesse, il dit : « Gardez silence, je vais aussi parler ! Je suis jeune, vous êtes des vieillards, je croyais que c'est votre grand nombre d'années qui nous apportera la sagesse, je me suis conséquemment tu pour ne pas faire dévoiler mon immaturité. Je vous ai donné toute mon attention, j'ai écouté vos discours du début à la fin ; mais aucun d'entre vous ne m'a convaincu ! Ne me négligez pas du fait que je n'ai pas un long parcours. Je n'ai jamais voyagé autant que vous, je n'ai jamais étudié autant que vous ; cependant, en dépit de votre grande expérience et votre estimé sagesse, vous devez aussi m'écoutez : J'ai compris que ce n'est pas le diplôme qui dit toujours vrai, moins encore le bagage exigé par le monde qui donne la justesse, mais en réalité, c'est l'Esprit de Dieu en l'homme qui donne de la connaissance ! ».

Ben, peu importe ton âge, ta capacité, ton milieu d'origine, ta possession matérielle, tes diplômes, ... car, en réalité, c'est l'Esprit de Dieu qui donne l'intelligence ! Timothée était jeune comme moi et toi, mon frère ; ça ne l'a pas empêché d'être pasteur d'une grande église ! Par ses paroles, sa conduite, son amour, sa foi et sa pureté, il a prouvé qu'il était digne et personne ne pouvait s'opposer ! Où sont ces jeunes qui veulent impacter positivement le monde, qui cherchent une valeur de plus qui leur donnera de la valeur et de l'estime ? Mon frère, ce qui te donnera du respect ne dépend pas de ce que tu as mais de ce que tu es ; or, l'homme ne découvrira jamais ce qu'il est s'il n'a pas Dieu pour source de référence. Notre chance en tant que jeunes est que c'est que nous avons de Dieu ne dépend pas de ce que nous faisons pour Lui, mais ce que nous recevons de Lui dépend de comment nous nous comportons dans sa présence !

Si tu veux que les gens te prennent au sérieux, Ben, prend Dieu au sérieux ! C'est un principe très simple. Si tu veux impacter encore plus le monde, approches-toi de Dieu ! Les hommes, nous nous ressemblons et nous nous ressemblerons toujours, mais c'est auprès de Dieu que chacun de nous découvre en quoi il est spécialement différent des autres. Pour être spécial, Paul nous dit : « Combattez le bon combat », c'est là le but de tous ceux qui ont été un jour saisi par Christ, leur combat a une cause : devenir l'image de Christ afin d'en saisir aussi un grand nombre. Paul court pour atteindre un idéal : la perfection en Christ !

Aujourd'hui, combien parmi nous, jeunes pasteurs, sont ceux qui courent sans savoir le but ? Pendant que la Bible nous dit : « Voici les miracles qui accompagneront... », eux, ils ont inversé la donne, ils courent derrière les miracles ! Au lieu que les miracles les accompagnent, ce sont eux qui accompagnent les miracles. Ils prient et jeûnent pour que les gens tombent en extase dans leur intercession au lieu de prier et jeûner pour le salut et la délivrance de ces âmes, ils cherchent Dieu pour la manifestation de Dieu et non pour ce qu'Il est ! Malheur à ces hommes et femmes qui restent en quête du pardessus et laissent à côté l'essentiel !

La Bible nous dit, mon cher ami : « Cherchez premièrement le Royaume de Dieu et sa justice... » Premièrement ne veut pas dire deuxièmement. Premièrement c'est premièrement ! D'où vient la mendie du pouvoir, du vedettariat, de l'égoïsme parmi nous ? Christ est la justice de Dieu, je dois le chercher premièrement et si je l'ai, à la Bible de m'assurer, que « toutes les choses me seront donné par-dessus » ! Ecoute, mon Pasteur, être chrétien ne veut pas dire que je serais le dernier ; non, cela veut tout simplement dire que Christ doit être ma préoccupation car quand je l'ai saisi, le pouvoir, le succès ou tout ce que je désire me sera donné en surplus !

N'est-il pas écrit : « Ne vous conformez pas... mais soyez transformés ? » « Conformer » c'est régler sa conduite en accord avec, c'est se soumettre à, s'adapter à... « Transformer » c'est rendre quelque chose différent, c'est modifier les caractères. Ce qui veut dire que les chrétiens ne doivent plus rentrer dans les habitudes de ce monde, ils ne doivent plus prendre la forme préétablie par les habitants de cette terre, des traditions anticipées par les savants acculturés de la Faculté, des usages préconçus par les familiers ou les voisins mais ils doivent aller au-delà de la forme initiale du monde ! Malheureusement, certains Professeurs et Assistants, au lieu d'enseigner leurs cours - qui seraient, à mon avis, un canal de renforcer la foi des étudiants théologiens en vue d'une transformation en Christ de l'Eglise, pour complaire à leurs maîtres ou à la mouvance, s'inscrivent en disciples de l'époque de la philosophie rationnelle libérale et veulent diluer la force de la foi au primat de leur raison.

Même si j'aime bien lire les œuvres de Bour et Zeller dans cette démarche, je pense qu'un abus de la raison avec les Saintes Ecritures se profile du jour le jour à notre faculté de Théologie ; et nous avons intérêt, cher Ben, à y faire attention. Bien que la raison soit un outil admirable que Dieu a mise entre nos mains pour avoir une réflexion poussée sur Dieu et sa nature, le débat évoqué nécessite la compréhension qu'en matière de foi, la raison a de limites et ne doit pas forcement sortir dans sa sphère d'action. Le rationalisme peut être l'abus de la raison elle-même, et surtout elle n'est pas forcément son résultat. Le rationalisme a tendance de fois à plonger le théologien dans les ténèbres du doute que dans la révélation de Dieu par la foi.

Mon cher Ben, laisser aller notre imagination, à quelque degré que ce soit, en recherchant ce qui a surtout pour but de satisfaire la curiosité des hommes, s'employant à plaire aux hommes plutôt qu'à Dieu, se servant des ruses pour essayer de transmettre plus au moins adroitement le message de Dieu, faisant appel surtout aux sentiments, multiplier certaines épisodes ou hypothèses qui ne seraient qu'une médiocre illustration des vérités de la Bible ; c'est « donner à Dieu un coup de fesses », comme un de mes professeurs préférés, Jules Kamabu, aime bien le dire, ce qui laisse libre cours à l'orgueil humain. Mais toi, Ben, comme nous recommande la Parole de Dieu dans la Bible, « demeure dans les choses que tu as apprises et dont tu as été pleinement convaincu, sachant de qui tu les as apprises ».

Le solide fondement de Dieu doit demeurer. Avant et après notre cursus académique, ce que Dieu a établi, ce qu'il a institué une fois dans notre for intérieur, doit rester à l'abri des atteintes de Satan ; cette conviction doit rester invariable, comme Dieu lui-même est invariable. En contraste avec ces pasteurs dont la Bible a parlé, qui iront « de mal en pis, séduisant et étant séduits », la Bible nous exhorte à demeurer dans les choses que nous avons apprises ; choses qui ne sont pas seulement des connaissances intellectuelles que notre mémoire emmagasinera à la Faculté, mais aussi et surtout que nous avons saisies par la foi. Il y a davantage, Ben. Timothée avait à se souvenir de qui il avait appris ces enseignements. Ce n'est pas, sûrement, ce que je recommanderais à quelqu'un qui a été élevé dans de fausses doctrines. En ce qui nous concerne, s'il m'est permis de justifier, je dirai que beaucoup de ceux qui nous ont enseignés, toi et moi, à l'Eglise ou la Faculté ne sont pas tous de la nasse. Ainsi, même si nous vivons à une époque compliquée, avec de enseignements bizarres, demeurons dans les choses que nous avons apprises, sachant de qui nous les avons apprises. Que Dieu nous accorde d'être pleinement convaincus, par l'action de la Parole et du Saint Esprit en nous de ces belles vérités que nous avons apprises !

Ben, lorsque tu te conformes à Dieu et à ses préceptes, tu es transformé dans ce monde. Comme Moïse face au buisson ardent, nul ne peut venir auprès de Dieu et rentrer auprès des hommes sans un visage rayonnant ! Mais lorsque tu te conformes au monde, c'est Dieu lui-même qui est transformé en toi, Il devient semblable aux idoles et autres dieux païens. La Bible, pour toi, devient alors comme tout autre livre ayant de paroles sages qui peuvent toucher le cœur, qu'on se choisit quoi suivre et quoi laisser ! Aux gens qui transforment ainsi les choses, le test que les Saintes Ecritures nous donnent est simple : « vous les reconnaîtrez à leurs fruits ». Lorsque je vois des bénédictions inexprimables dans des vies innombrables, une influence pour élever l'homme en le sortant de la dégradation du paganisme, en le préservant de la corruption de son propre cœur, je dis encore aux théologiens : « Voilà ce que la Bible a fait ! » Revenons à la Bible, elle seule dans toute la littérature du monde est à mesure de faire de choses qui transforment. La Bible est en effet un arbre de vie dont les feuilles sont pour la guérison des nations. N'est-ce pas le test ultime de son inspiration par Dieu ?

L'apôtre Paul, écrivant à Timothée, a indiqué les caractéristiques des derniers jours. Il a énuméré ce qui se développerait dans le monde dans ces temps fâcheux, et notamment « les hommes égoïstes, avares, vantards, hautains, outrageux, ... » ; à cette liste, l'apôtre a ajouté un qualificatif significatif et sinistre : « ayant la forme de la piété, mais en ayant renié la puissance. « La forme de la piété », Ben, n'est pas la piété. De nos jours, c'est terrible de l'avouer, nous trouvons des directeurs et des professeurs de facultés théologiques, des pasteurs, des évêques, des doyens, des ecclésiastiques, des ministres, ... qui polluent le monde de la théologie des vues de ces hommes de la Haute Critique. Disons-le en passant, mon frère, il est malhonnête de recevoir des honoraires pour professer la défense et la prédication de l'évangile, quand on passe son temps à détruire la foi des élus de Dieu, et à la renverser au lieu de l'édifier. Quelle condamnation effroyable sera la leur ! Que Dieu aie pitié d'eux, et ouvre leurs yeux avant qu'il ne soit trop tard.

Dans mon initiation à la Rose-Croix, avant d'être touché par Jésus-Christ, je me suis intéressé à plusieurs religions et philosophies de ce monde, surtout les religions asiatiques. Lorsque j'écoute certains enseignants dire que le Christianisme doit conjuguer avec les sectes comme le Taoïsme et autres courants modernes pour subsister, je me dis que ça devient de plus en plus compliqué car même les satanistes ne font pas fusion avec un mouvement qui ne coïncide pas avec son système de jeu. Pourtant nous, au nom de l'œcuménisme, nous mélangeons les choses. C'est que je me demande : Après leurs études et pèlerinages, n'ont-ils jamais constaté la différence capitale entre la foi chrétienne et les croyances que l'homme a développées au fil des millénaires ? Pourtant, c'est clair, Ben : toutes les religions du monde admettent que quelque chose ne va pas avec l'homme ; et chaque religion offre sa propre recette pour atteindre la félicité, le nirvana, l'illumination, le Samadhi, la non-dualité, la perfection, ... ou même l'annihilation du soi. Mais dans tous les cas, selon ses fausses religions et doctrines, la réussite de notre quête repose sur nos efforts. Nous avons ici-bas l'homme perdu, ignorant, imparfait, qui entreprend une quête spirituelle pour atteindre la divinité telle qu'il la conçoit.

Bien que je reçois toujours les critiques acerbes de mes opposants érudits chaque fois que je suis appelé à faire un séminaire, à donner une conférence à propos, le seul problème que j'essaie d'évoquer, et il est de taille, c'est que contrairement à tout enseignement de la théologie libérale, aucune de démarches de l'homme ne permet à l'homme d'atteindre Dieu. Car l'homme est dépravé et ne cherche pas réellement Dieu. À moins d'être touché par Dieu lui-même, toute quête spirituelle de l'homme n'est en fait qu'une quête du soi, une quête du bonheur et de l'affranchissement de la souffrance. Christ est la solution pour ce monde à l'agonie, rien de plus, rien de moins ; accepter de mélanger Christ avec Bouddha, Krishna et les autres c'est accepter qu'il n'est pas l'incarnation du Dieu vivant sur la terre des hommes.

Avant ma conversion au christianisme, j'ai maintes fois appliqué le yoga pour ma sanctification, et je puis te rassurer, mon frère, qu'il est vicieux. On nous dit que c'est une discipline spirituelle et corporelle basée sur des exercices de posture et de respiration, mais je sais, par expérience, que sa quête n'est qu'une manifestation subtile de l'ego. Soit dit en passant, j'étais triste d'apprendre qu'une enseignante de notre Faculté a recommandé aux étudiants de pratiquer occasionnellement le yoga ; si elle savait du moins le côté submergé de l'iceberg ! Ce que nous avons besoin aujourd'hui, cher Ben, n'est pas une nouvelle Bible, mais un réveil de l'autorité de la vieille Bible dans les esprits des hommes. La responsabilité du présent état des choses incombe justement aux efforts de chacun de nous tous, même si nous sommes maintenant comme des casseurs qui ont l'imprudence de détruire les fondations, et qui paniquent à l'idée d'être tués dans l'écroulement du bâtiment.

Napoléon, qui certainement n'était pas un chrétien professant, a dit à ses compagnons d'exil à Ste Hélène : « Je connais les hommes ; je vous dis que Jésus Christ n'était pas un simple homme ... Tout en Lui m'étonne. Entre Lui et tout autre dans le monde, il n'y a aucun terme de comparaison. Il est vraiment un être par Lui-même. Ses idées et Ses sentiments, les vérités qu'Il annonce, Sa manière de convaincre, ne peuvent être expliqués ni par l'organisation humaine ni par la nature des choses. Sa naissance et l'histoire de Sa vie ; la profondeur de Sa doctrine, qui se saisit des pires difficultés, et leur trouve la solution la plus admirable ; Son Évangile, Son apparition, Son empire, Sa marche au travers des âges et des royaumes ; tout est pour moi un prodige, un mystère insoluble, qui me plonge dans des rêveries dont je ne peux m'échapper ; un mystère qui est là devant mes yeux et que je ne peux ni nier ni expliquer. Ici je ne vois rien d'humain ».

Ben, la vérité c'est que ces gens qui se prennent pour de « gourous », reconnus comme de grands sages aux yeux de ce monde et suscitent l'admiration de l'Occident, même au niveau d'inspirer nos écoles théologiques, ne sont rien d'autres que des aveugles qui conduisent des aveugles. Ils se croient sages mais, je t'assure, ils sont frappés de folie. Car ils n'ont pas compris les rudiments élémentaires de la vérité, à savoir que Dieu est saint et que l'homme est pécheur et donc ennemi de Dieu. La seule issue est en Jésus-Christ, lui seul a payé de son sang pour la sentence qui pèse sur chaque être humain dans ce monde pollué par les doctrines qui nous enseignent que chacun peut posséder sa propre vérité ou que toutes les voies mènent à Dieu. Si j'intercale ces lignes ici en réaffirmant cette vérité essentielle, c'est parce que nous devons toujours nous rappeler que notre spiritualité, en tant que chrétiens, ne repose pas sur nous. C'est ce que les théologiens que nous sommes ont le devoir d'enseigner aux gens ! Nous n'avons rien de héros spirituels. Nous n'avons pas trouvé Dieu parce que nous y étions prédisposés ou parce que nous étions des chercheurs de vérité. La vérité c'est que nous avons été élus par Dieu.

Or, de même que notre salut ne repose pas sur nos efforts humains mais sur la grâce de Dieu, notre sanctification également n'est possible que par la grâce. Nous ne pouvons compter sur nos propres forces ni sur notre volonté. Comme Jésus l'a dit, notre esprit est bien disposé mais notre chair est toujours faible. C'est pourquoi il est impératif pour nous, leaders des églises, d'abandonner les voies de notre pensée et de marcher selon l'esprit. Mais que signifie marcher selon l'Esprit, Ben ? La première chose dont il faut s'assurer est naturellement d'avoir en nous l'Esprit de Dieu. Notre vie chrétienne n'est pas une vie à temps partiel, que l'on partage avec une vie mondaine. Un Pasteur est un chrétien 24 heures sur 24, 7 jours par semaine et 365 jours par année. Un Pasteur est un chrétien en public comme dans le secret. À l'extérieur comme à l'intérieur. Comme nous l'a enseigné dernièrement le Frère Serge Kayamba, un chrétien c'est un homme qui est témoigné d'abord par son cœur avant d'être ensuite témoigné par les autres.

En effet, la chair ne participe pas à la vie selon l'Esprit. Elle demeure réfractaire à l'autorité divine. Alors que l'esprit se délecte des lois de l'Éternel, la chair rue dans les brancards et tente constamment de se soustraire à la suprématie de Dieu. Pour ne pas accomplir les désirs de la chair, il ne faut donc pas tenter de la contenir, de la récompenser ou de la punir comme on le ferait avec un animal de compagnie. Il faut la crucifier. Point final. Il faut faire mourir les désirs de la chair en cultivant notre relation avec Dieu. Il faut avoir pris la décision ferme de tout abandonner pour le trésor que nous avons trouvé en Christ. Autrement, s'il nous reste un désir de contrôle ou de possession, nous aurons de la difficulté à nous abandonner à la volonté de Dieu et donc à marcher selon l'Esprit. Plus notre relation avec Dieu croît, plus l'esprit devient dominant et la chair soumise. Et à l'inverse, plus nous nous complaisons dans les désirs de la chair, plus nous perdons contact avec notre esprit et avec le Dieu qui nous habite. La vie chrétienne est donc initiée par notre conversion, laquelle est le fruit de la grâce. Mais elle comporte aussi un élément de discipline. Car pour que la grâce agisse pour notre sanctification, nous devons intentionnellement adopter un mode de vie qui favorise l'Esprit.

Lorsque les connaisseurs m'enseignent qu'en Israël il n'y a pas la séparation entre le sacré et le profane, pourquoi devrais-je chercher une vie personnelle de sanctification ou l'enseigner aux fidèles ? Pendant que les savants qui ont le plus voyagé me disent que la Bible est une collection des mythes et des histoires écrites juste pour solidifier la foi d'un peuple qui n'est pas le mien, pour quels motifs croire-je un tout petit peu encore à l'historisation biblique ? Une fois que mon pasteur, en professeur, s'est mis à critiquer tous les faits et mouvements de Jésus-Christ au point d'insinuer une liaison érotique existerait entre Jésus et Marthe ou Marie, sœurs de Lazare, pourquoi je me priverai aussi de certaines jouissances épicuriennes avec quelques sœurs en Christ qui me seront favorables dans ma congrégation ? Quand on me dit que toute la vie de l'homme est prière devant Dieu, pourquoi me mettrai-je encore à chercher la face de Dieu dans les exercices austères comme le jeûne et les méditations ?

Pour te dire vrai, Ben, à deuxième année de Graduat, ma foi faisait une chute libre ; ces balivernes s'enracinaient de plus en plus en moi que je m'inquiétais de moins en moins aux affaires spirituelles. L'orgueil montait en moi, je me détachais de plus en plus aux exercices spirituels, j'avais seulement quelques 5 minutes par jour pour méditer, je priais rarement, le jeûne n'en parle même pas ; gloire à Dieu ! n'eut été les amis qui me connaissaient avant et qui commençaient à voir cette régression et à me remettre au rail. Comme toi, Ben, beaucoup de jeunes ministres de Dieu disent qu'ils m'admirent mais, je dois te l'avouer, si tu as trouvé en moi quelque chose de positif, d'inspirant, c'est parce que j'apprends de Dieu et de grands hommes les choses qui favorisent l'Esprit d'œuvrer dans ma vie, j'apprends chaque jour à faire mourir la chair.

Comme Paul, je sais que je n'ai pas encore atteint le but, mais c'est mon combat perpétuel. Il est rare de me voir dans un endroit public pour prier, rare de me paraître chrétien aux yeux du monde, mais je béni mon Dieu du fait qu'il me distingue de plus en plus des autres. C'est une de raisons qui m'obligent à te partager quelques habitudes car en adoptant certaines, en tant que pasteur, tu constateras, cher petit frère, que ton combat contre les mauvais penchants ne sera plus du tout le même. Dieu t'emmènera à un autre niveau, dans une nouvelle dimension. Tu seras, spirituellement parlant, dans une position dominante et triomphante sur toi-même et sur les autres. J'aime beaucoup en parler car marcher selon l'Esprit aide tout croyant à opérer à partir de la partie régénérée et éternelle de lui-même, celle qui est en communion avec le Créateur des cieux et de la terre, son esprit.

Je suis un pasteur conscient de mon appel. Pour cela, je débute chaque journée, je la poursuis et je la clôture par la prière. Lorsque les étudiants arrivent à l'Université, en G1, ils prient avant de débuter chaque journée. Essaie de voir leurs aînés, ils se moquent d'eux et n'hésitent même pas à les décourager par les propos du genre : « Continuez toujours à crier, vous finirez à devenir comme nous tous. Nous avons été plus 'charismatiques' que vous, voilà où nous en sommes… » J'écoute cela chaque année et je constate que beaucoup d'entre nous se lassent de cet exercice spirituel !

Cependant, moi je sais chaque journée implique pour moi un combat dans les lieux célestes. Je sais que je dis de conneries pour un théologien moderne. Il ne croit pas au démon, moins encore au monde mystique ; pourquoi doit-il s'en préoccuper ? Mais, moi, ma petite expérience de foi, me fait dans mes aroles et mes mouvements de chaque jour, d'un côté, l'Éternel des armées, avec ses myriades d'anges et archanges et de l'autre côté, Satan et ses hordes de démons. Bien que Satan soit un menu fretin face à mon Dieu glorieux, je sais que si je ne prie pas, je risque d'être entraîné dans les voies tortueuses du mal ; c'est la raison pour laquelle, au début, au cours, comme à la fin de ma journée, avec une confiance indéfectible, je me place sous la protection de notre Chef, Jésus-Christ.

En effet, Ben, même s'ils me disent que j'exagère trop lorsque je parle du système de ce monde et de démons, nous ne faisons pas partie de ce monde dans lequel nous habitons, il est vendu au diable. Grâce à mes talents d'artiste cinéaste et d'évangéliste itinérant, dans mes voyages à l'intérieur comme à l'extérieur de notre pays, j'ai rencontré quelques grands de la musique, du cinéma et de la politique de ce monde ; il suffit de rester à leurs côtés, de travailler dans un même projet avec eux pour comprendre que ce monde est pourri ! J'ai vu de gens voyager avec de crânes et du sang humain pour leur protection. Si donc, Ben, tu te lances dans ta routine quotidienne sans prier, tu seras exposé tout au long de la journée ou de la nuit à une culture qui s'oppose à la sagesse de Dieu ou qui est tout simplement axée sur une pensée humaine.

Beaucoup de jeunes sollicitent me parler. Le jour comme la nuit, personnellement, j'ai peur de fondre aux mauvaises nouvelles ou m'exposer au stress ou à des relations conflictuelles. Sans la prière, Ben, ta seule envie sera probablement de regarder la télé, aller sur Facebook, te divertir et relaxer. Et éventuellement dériver vers le péché. Sans une vie de prière, tu peux te mêler à des discussions inappropriées ou aux blagues de mauvais goût comme celles que certains font de nos jours de la Bible ou de Jésus sur whatsapp. Personnellement, du fait que mes journées sont toujours surchargées, mes soirées restent sous pression, sollicitées, tentées et stimulées par mes difficultés et celles des autres ; en tant que pasteur, je prie beaucoup. Sans la prière, ma conscience est souvent profondément ancrée dans la chair, ses convoitises, ses inquiétudes, ses passions et ses caprices. Ainsi, pour éviter de m'adonner aux dispositions charnelles et superficielles, je consacre un bon moment de mon temps à la prière, pourvu que mes pensées ne soient pas trop agitées et que je sois las de m'abandonner dans les bras de Dieu.

Mais aussi, Ben, en tant que pasteur conscient de son appel, je lis la Bible sans me relâcher. A la faculté de Théologie, tu es témoin, à part dans quelques cours à caractère exégétique, c'est seulement dans notre culte de vendredi, que nous lisons la Bible. Beaucoup de professeurs, avec orgueil, disent aux étudiants : « Il n'est pas étonnant de faire toute l'année ici sans lire la Bible. Ici, nous ne sommes pas venus lire la Bible, nous sommes venus apprendre Dieu théologiquement ! » Quel dégoût pour de tels propos émanant d'un pasteur ! Comme nous l'avons dit, un des immenses problèmes du théologien moderne est d'être sans cesse impressionné de sa propre intelligence. Pour de mystérieuses raisons, il a la conviction que les quelques centimètres cubes de matière cérébrale qu'il possède lui suffisent à appréhender l'immensité du mystère de la vie. Ce manque d'humilité se manifeste à un niveau personnel, et aussi de plus en plus à un niveau collectif, à mesure que l'homme repousse les limites de la science et des technologies. L'orgueil n'est pas né d'hier mais notre époque voit sans doute l'apogée de l'arrogance humaine. L'homme a de plus en plus la conviction d'avoir atteint des sommets en matière d'évolution.

Mon cher, Ben, il est vrai que l'homme soit capable d'aller dans l'espace, il est vrai qu'il peut fabriquer des ordinateurs à la fois plus petits et plus puissants qu'on n'aurait jamais pu l'imaginer, très vrai qu'il peut écrire des bouquins de 10 kilos sur le fonctionnement des cellules humaines et vrai qu'il peut échafauder des structures commerciales et politiques d'une complexité effarante. Et pourtant, en vérité, l'homme est stupide. Carrément. Sachant le respect que tout homme spirituel, qu'il soit sataniste, musulman ou croyant d'autres religions, doit à son livre sacré ; cher Ben, nous avons aussi besoin de la Bible car elle est notre référence absolue.

Lorsque je parle de l'homme occidental et de l'homme africain dans leurs réflexions, ne pensez pas que je suis de ces gens-là qui classent les hommes en deux catégories : les bons chrétiens et les méchants païens. Non, Ben, nous sommes tous humains. Nous péchons tous. Et, comme je ne cesse de le dire, nous sommes tous potentiellement stupides. Je pourrais passer toute un mois à vous donner un cours plein des exemples de ma propre stupidité. Pas seulement avant ma conversion mais aussi et surtout après. Je pourrais vous donner des tas d'exemples où j'ai vraiment été stupide en tant que fils aîné de famille, en tant qu'amant pour certaines jeunes filles et en tant que serviteur de Dieu. Car à chaque fois que je me dissocie de la sagesse de Dieu, à chaque fois que je m'éloigne de sa Parole et donc de tout fondement absolu, je ne tarde pas à délirer à ma façon. Aux yeux des hommes, je suis peut-être un chic type. Mais lorsque je réévalue certains de mes comportements et de mes choix, je réalise combien j'ai manqué de jugement, de sagesse et d'intelligence. Quand j'observe mon attitude face à ceux que j'aime, je réalise combien j'ai manqué de discernement, de sensibilité et de bonté.

La Bible est notre manuel. Et il est infaillible. Son contenu est tout à fait véridique et a été développé sur une période de quelques millénaires par celui qui nous a fait de ses mains. Le problème n'est donc pas que nous n'avons pas le manuel. En tant que pasteurs, le problème est que nous ne nous y référons pas soit par incrédulité, soit par paresse. Ça se sent dans nos prédications et dans nos partages ! Et pourtant, toutes les instructions sont là. Ne pas se référer à un manuel pour les connaissances terrestres est une chose, mais ne pas se référer au manuel de la vie que Dieu nous donne est une toute autre histoire.

Car nos erreurs ne concernent pas seulement que nous, mais ont un impact sur notre prochain, en particulier sur ceux qui nous aiment, ces gens que nous comptons diriger dans nos églises. On ne peut donc pas laisser la Bible fermée ; sinon, nous payerons le prix. Et les fidèles aussi. Pour nous, chrétiens, la Bible n'est pas un livre portant sur ce qu'il faut faire et ne pas faire, elle n'est pas un livre de lois, elle est un livre de principes. Elle est une fenêtre ouverte sur le cœur et l'esprit de Dieu car elle nous permet de comprendre la pensée divine et de conformer notre pensée à celle de notre Père, Dieu.

Ben, autre chose, en tant que Pasteur conscient, je reste attentif aux directives de l'Esprit-Saint et je lui obéis. Tu sais, mon ami, l'orgueil scientifique de l'exégèse et de l'herméneutique voulait faire de moi un vrai incroyant. Au lieu de suivre Dieu et ses orientations dans une prédication, j'étais devenu un « grand critique » ; j'étais toujours là, avec mon stylo et mon carnet, pour corriger le prédicateur et voir s'il a respecté les règles d'homilétique et d'exégèse bibliques. En ces jours, Dieu m'enseigne que « marcher selon l'Esprit » est l'antithèse de la théologie libérale. Là où les conceptions de savants de religion imposent un cadre fixe et rigide à partir duquel l'homme doit modeler ses comportements, le chrétien qui marche selon l'Esprit se réfère plutôt à l'Esprit qui l'habite et le guide en toutes choses. Comme dit, la Bible n'est pas un livre légal, c'est un livre de principes ; et c'est l'Esprit Saint qui nous éclaire et nous dirige afin d'appliquer ces principes dans notre vie, en accord avec la volonté de Dieu. Le chrétien qui ne s'appuie que sur la Bible pour diriger sa vie deviendra rapidement légaliste, car la chair ne tarde pas à récupérer toute bonne intention spirituelle et à transformer la loi en contraintes et en culpabilisation, ce qui éteint la vie de l'Esprit.

À l'inverse, Ben, une vie selon l'Esprit qui n'est pas régulée et consolidée par l'étude des Écritures versera tôt ou tard dans l'exaltation et l'hérésie car la chair injectera ses propres désirs et émotions jusqu'à ce que nous perdions de vue la vérité. La voix réelle de Dieu sera alors progressivement remplacée par la voix de l'ennemi. Ce qui fait à ces jours que les gens nous disent : « Le Seigneur m'a dit... » alors que tout ce que nous entendons est l'expression de la nature humaine ou, pire encore, d'une entité démoniaque. Avant de naître de nouveau, tu étais en contrôle de ta propre vie, mon frère. Tu étais ton propre dieu et donc redevables qu'envers toi-même. C'était à toi, Ben, de déterminer tes propres règles et décisions de tes propres voies. En naissant de nouveau, tu as été séparé du monde, séparé de cette vie égoïste, vaine et stérile, pour entrer dans le Royaume de Dieu. Dans ce Royaume, tes logiques humaines ont été renversées par les principes de Dieu, tu n'étais plus le centre de l'univers mais tu es devenu fils et serviteur de Dieu. Ta position dominante a été substituée par une position d'humilité, de service et d'amour. Dans ce Royaume, n'oublie pas, mon ami, même Dieu lave les pieds de ses disciples. Ici, nos propres désirs perdent leur importance, au profit de la volonté du Dieu que nous servons.

Ce n'est pas du tout facile, être chrétien ; mon Pasteur. Être chrétien signifie mourir à soi-même. Être chrétien signifie que nous ne nous appartenons plus. Nous sommes, comme Paul le dit, esclaves de Jésus Christ ; esclaves de son amour. Un pasteur de cœur plutôt que de nom seulement n'a d'autre choix que de renoncer à lui-même, à ce fameux soi que la société tient en si haute estime, et à se mettre au service de Dieu et de son Eglise. Jésus vivait dans cet état de continuelle et absolue soumission au Père. Pour prouver son abandon total à Dieu, il dira : « le Fils ne peut rien faire de lui-même, il ne fait que ce qu'il voit faire au Père, et tout ce que le Père fait, le Fils aussi le fait pareillement ».

Un pasteur, Ben, est aussi cet homme qui apprends à aimer de façon sacrificielle. Personnellement, la rancune, je m'en préoccupais moins ; ce n'est pas mon genre, ce truc-là ! En ajoutant la notion de sacrifice à celle de l'amour, je crois que ça nous rapproche beaucoup plus de la véritable vision de l'amour pur et véritable, celui que Dieu manifeste envers nous et que nous sommes appelés à manifester envers Lui et envers notre prochain : je veux que cela me caractérise ! J'ai commencé à comprendre que l'amour véritable c'est faire mourir les désirs de la chair lorsque mon ex m'a quitté et que le public me taxait publiquement de tous les maux. Tu comprends bien ces choses, Ben, lorsqu'en étant la victime, c'est toi que le monde prend pour le coupable !

En effet, je le disais à ma nouvelle copine, alors que la chair en action se résume en au seul mot : « Prendre » ; l'amour en action se résume aussi en un mot : « Donner ». Oui, mon frère, décider d'aimer signifie que nous décidons de renoncer à nous-mêmes et à nos propres désirs. Nous nous oublions pour Dieu et le prochain. Même si la théologie libérale nous enseigne qu'en faisant cela, nous risquons d'être une parfaite recette pour être l'objet d'abus de toutes sortes, c'est le seul vrai amour que Dieu nous demande. Pour donner l'exemple, Jésus est descendu de son trône enfin d'être serviteur de tous ; Lui, le Roi de l'univers, s'est dépouillé de toute sa divinité pour servir sa propre créature et pour porter ses péchés. Comment pouvons-nous nous dire ses disciples si nous choisissons intentionnellement d'emprunter une autre voie ?

Naturellement, comme tout le monde, je suis souvent tenté de penser avoir le droit de modérer mon amour par peur d'être abusé ; cependant, en considérant honnêtement la vie de Jésus, je n'ai aucune impression d'être témoin d'une vie de victimisation. Au contraire, la vie de Jésus est victorieuse ! Si la décision de Jésus d'aimer et de servir n'a pas fait de lui une marionnette, un objet de manipulation et d'abus de pouvoir ; pourquoi craindrais-je alors d'aimer sans réserve ? Tu le sais, Ben, j'aime les gens sans réserve ; même ceux qui ne mériterait pas mon affection ! Et tu sais pourquoi les gens s'étonnent et croient que je joue le semblant ? Tout simplement parce qu'ils sont habitués à l'amour humain. Et s'y bornent.

Les gens de ce monde te donnent pour recevoir, pour obtenir l'amour en retour et l'approbation du prochain, mais cette quête d'amour nous rend absolument misérables car l'homme qui se fait serviteur de tous non par amour mais par besoin d'être aimé devient rapidement l'objet d'abus de toutes sortes. Les abuseurs et les manipulateurs détectent rapidement ceux qui ont ce besoin d'être aimés et approuvés et utilisent ce désir pour exercer la tyrannie de leur ego sur ces gens. Cela créé un rapport malsain et destructeur qui n'a aucun lien avec l'amour véritable. Et on retrouve cette situation partout autour de nous. Dans le mariage, entre parents et amis, entre voisins ou collègues de travail. Or, cette forme d'amour n'est pas celui que nous cherchons à manifester car l'amour humain ne fait pas mourir les désirs de la chair, il la nourrit.

Celui qui se donne aux autres avec l'objectif secret d'être aimé n'obtiendra jamais en retour l'amour qu'il recherche. Il en éprouvera donc du ressentiment et versera tôt ou tard dans l'amertume et se prendra en pitié, se positionnera en victime et aura l'impression que la vie est injuste. Ces émotions démontrent en elles-mêmes que l'amour exprimé n'était pas l'amour de Dieu mais un amour stratégique et calculateur, un amour-investissement. Et parce que l'investissement n'en vaut pas la peine, on se prend la tête et on en veut à l'autre de ne pas avoir fourni un rendement suffisant sur l'amour investit.

J'essaie d'imaginer à quoi aurait ressemblé la vie de Jésus s'il avait aimé comme nos pasteurs actuels ; ces derniers font tout dans le but d'être aimé et approuvé de tous. Dans l'épisode où Jésus dit au jeune homme riche que s'il veut être parfait, il doit vendre tous ses biens et tout donner aux pauvres, face au jeune homme qui se détourne de Jésus et s'en va tout triste, nos pasteurs actuels auraient couru derrière lui en disant : « Hey, attend ! Attend un peu, Monsieur ! Excusez-moi, ce n'est pas ce que je voulais dire ! Tu n'es pas obligé de 'tout' vendre ; l'important c'est de partager ; tu comprends, maintenant ? » Mais, Jésus n'était pas intimidé par la position sociale de ce jeune homme, il évitait d'être en état de servitude par rapport à cet homme prestigieux ; Jésus ne voulait pas se laisser manipuler pour lui faire dire ce qu'il voulait entendre et, il a prouvé qu'il l'aimait de façon divine, il aimait assez ce jeune homme pour lui dire la vérité ; contrairement à ces pasteurs qui courent derrières les fidèles riches ou influents pour leur présenter une alternative diluée de l'Évangile. Au contraire, Ben, Jésus l'a laissé partir. C'est ce même amour que nous sommes appelés à manifester au quotidien.

Je m'imagine, mon Ben, Jésus cloué sur la croix. Sa vie défile devant lui, Il se souvient de son premier miracle à Cana, de la multiplication de poissons et de pains, revoit des lépreux qui guérissent et sont réintégrés socialement, des paralytiques qui marchent ; grosso modo tous les prodiges accomplis devant les foules. Imaginons notre Sauveur qui se souvient de tous ces moments où il a pris la défense des pécheurs, où Il s'est tenu debout devant le système religieux en place qui importunait la vie religieuse des hommes par ses lois. Il revit ces instants où Il a prêché la vérité sans réserves, avec amour et sagesse. Maintenant, il est face à cette même foule qui, hier, le glorifiait ; et Il la voit scander des insultes, le ridiculise. Alors qu'il lutte péniblement pour respirer, l'écho du cri de la foule est : « Crucifiez-le! Que son sang retombe sur nous ! » Si Jésus les aimait d'un amour humai, quelle aurait été sa réaction ? « Après tout ce que j'ai fait pour eux ! Après avoir quitté mon trône glorieux et m'être incarné parmi eux ! Après avoir consacré ma vie à les servir et les aimer ! Comment peuvent-ils me traiter ainsi ? » Au lieu de se lamenter, au lieu d'utiliser son pouvoir pour foudroyer ses ennemis et maudire éternellement la race humaine et la condamner, avec raison, aux tourments éternels ; Il a plutôt demandé au Père de leur pardonner malgré leur ingratitude. C'est ça l'amour de Dieu, et c'est ce même amour que nous sommes appelés à manifester au quotidien.

Si tu veux être un Pasteur digne, mon frère, une autre consigne : n'ouvre pas Ton cœur à toutes les opportunités. Suite au conformisme que nous impose notre chair, nous sommes appelés à être trop vigilants ; surtout en tant que futurs bergers. Je le sais, par expérience, il existe plusieurs techniques que l'ennemi utilise pour vouloir éloigner les gens de Dieu comme nous au but. Ce monde est rempli de choses scintillantes, de parfums suaves, d'ambiances électriques qui envoûtent notre chair et endorment notre conscience. Je ne dis pas que toutes ces choses sont mauvaises dès le départ mais je te demande juste d'être prudent. Lors de mon dernier voyage en Mozambique, pendant mes moments de pause, dans chaque pays de mon itinéraire, je profitais de mes soirées pour me balader seul dans ces grandes capitales de ces pays est-africains, juste un moment pour me défouler. C'était beau partout, même tard les nuits, l'ambiance était vraiment festive. Les terrasses laissaient jaillir des éclats de rires et le bruit des coupes de vin, de la vaisselle et des ustensiles qui s'entrechoquaient.

A Kigali, ici et là, je pouvais voir des couples de jeunes qui n'étaient probablement pas mariés ou des groupes d'amis sortir de restaurants, la plupart impeccablement vêtus : les femmes habillées en décolletés profonds, et portant leurs sacs derniers cri et les gars, c'était souvent en chemise ou veston « Paris – Dakar », tous affichant une allure fière, vraiment sûrs d'eux. A Mombassa, chaque fois que je rentrais à mon hôtel, je voyais de femmes de nuit qui me suivaient et sollicitaient quelques sous juste pour une nuit avec elles. Un matin, à Gaborone, je me suis retrouvé seul dans un ascenseur exigu avec une femme très belle et sexuellement provocatrice. Une autre fois, en remontant pour reprendre mon portable, c'était cette fois en compagnie de quatre jeunes femmes qui échangeaient des blagues sexuelles et jetaient un œil sur leurs portables où il y avait de la pornographie.

Pourquoi te décrire tout ceci, mon frère ? Juste pour te rappeler que ce monde a sa manière d'être : toute une litanie de comportements à adopter, de musiques à suivre, de films à voir. Face aux situations compliquées pareilles, même si je suis un homme de Dieu, quelque fois, je sens ma chair faiblir et vouloir me joindre à ce monde. Je le sais, Ben, certains seraient d'avis qu'il n'y a pourtant aucun mal inhérent à ce que je t'ai décrit. Peut-être, mais tout cet univers enivrant est dépourvu de Dieu ; Ben. Il me rappelle le domaine exclusif de l'homme, où la beauté, le sexe, le succès, le luxe, les apparences et le culte de soi représentent pour la majorité des règles indiscutables et fondamentales de la vie. Pendant mes participations aux festivals de cinéma et de théâtre, j'ai expérimenté la quintessence de l'humanité sans Dieu. Ce qui est troublant, c'est que bien que chrétien, je luttais toujours, je n'étais pas une fois pour toute indifférent à ce monde. Le vieil homme en moi, pourtant crucifié avec Christ, reprenait de fois conscience et remuait. J'entendais la voix du prince de ce monde, qui disait : « Solly, si tu le veux, tu peux aussi avoir tout cela. Tu peux être une star ! Tu peux goûter à la fortune. Tu peux jouir aussi d'une belle vie ! Comme les autres, tu peux aussi être aimé et désiré. Tu peux être quelqu'un. Pense à tes nombreux talents. »

Ben, mon Pasteur, ne pense pas que tu es une sorte de saint qui flotte au-dessus des nuages parce que tu prêches bien. Je crois en l'onction de Dieu qui est en toi, mais je dois te rappeler que tu es humain comme moi, humain comme tout humain. Malgré les miracles que Dieu produit par tes mains, j'en suis témoin, tu es et tu resteras sensible aux suggestions de l'ennemi. Tu ne demeureras pas indifférent en regardant tous les soirs la beauté d'une femme. Ainsi, en dépit de tes grandes prouesses que tu as prouvées en te gardant saint, tu dois toujours t'intérioriser et réaffirmer ton allégeance à Dieu. Le combat, je le sais, n'est pas aussi difficile que dans les débuts, mais la guerre n'est pas terminée pour autant. Alors que je croyais être fort dans la maîtrise de soi, il m'arrivait aussi des moments où je me sentais las du combat ; de moments où j'avais envie tout simplement d'abandonner. Sauf que, je me rappelais sitôt... je n'appartiens plus à ce monde. J'y suis né, j'en ai été jadis l'esclave, mais Christ a versé son sang afin de me racheter. J'étais autrefois de ceux qui poursuivent le vent et ruinent leur vie dans l'abîme de l'égoïsme, mais j'ai reçu maintenant un cœur et un esprit nouveaux, j'ai reçu le désir consumant d'aimer Dieu et le prochain. Je n'ai donc rien à regretter. Je n'ai pas à tourner la tête et à revenir en arrière.

Evite toutes les opportunités, Ben ; prendre conscience de ton identité et de ta citoyenneté royale est un puissant antidote à ces moments de tentation où le monde dans ses idéologies semble si beau et délectable. Lorsque la chair s'éveille et veut s'éclater dans les rues de Babylone, nous devons voir au-delà des apparences et nous transporter hors du temps et de l'espace pour saisir le portrait d'ensemble. Comme le disait un saint homme qui n'est plus de ce monde, « nous devons chasser les mirages et revenir en contact avec la réalité ».

Et la réalité se résume ainsi : Les plaisirs de ce monde ne durent que quelques instants. Et lorsqu'ils sont consommés en-dehors des paramètres bibliques, ils s'opposent à Dieu, ils laissent un goût amer dans la bouche et n'apportent aucune satisfaction. La beauté des femmes tarit rapidement. La force et la prestance de l'homme se dissout avec la vieillesse. Le luxe est temporaire. Tout finit un jour dans la pourriture et la rouille. L'approbation des autres est une quête vaine et douloureuse. Elle mène l'homme à la captivité. Vouloir faire partie des « grands » de ce monde implique de vendre notre âme au prince de ce monde. Quiconque est appelé à servir Dieu comme pasteur doit cesser de s'identifier à ce monde. Satan n'est plus son maître. Les démons n'ont plus d'autorité sur lui. C'est lui qui a l'autorité sur eux car notre Royaume est au-dessus du royaume du prince de ce monde.

Ben, en tant que Pasteur conscient, je passe aussi un bon moment de mon temps dans le jeûne et les privations. Je ne cesserai jamais de te le dire, mon ami, si tu veux être différent des autres, tu dois faire les choses différemment des autres. Tu es un homme de Dieu, mon frère, les gens ont confiance en toi ; en tant que leur pasteur, ils viennent auprès de toi pour trouver solution aux problèmes qui les dépasse. S'ils se rendent compte que ton Dieu agit comme le leur, que tu n'es pas spirituellement plus fort qu'eux ou que tu ne diffère pas d'eux de grand-chose, je t'assure, ils ne viendront plus auprès de toi la fois prochaine.

Personnellement, je jeûne de trois manières : 1) la nourriture, 2) le téléphone et 3) je laisse pousser ma chevelure ou ma barbe. Au-delà de tous les préjugés que peut propager le public, j'ai compris que de toutes les façons de faire mourir les désirs de la chair, le jeûne constitue pour moi la voie la plus efficace et expéditive. Lorsque je me prive de nourriture, de la communication sur réseaux sociaux, de parfum ou de coiffure, je sens que je viens d'envoyer un message sans équivoque à ma chair ; un message selon lequel : « Mon corps, ce n'est plus toi qui me dirige. Ce n'est plus toi qui prends les dernières décisions dans ma vie. Tu es soumis à l'esprit et tu mangeras ou tu auras tous tes petits trucs de plaisir quand mon esprit te le dira. »

Le jeûne devrait faire partie de l'arsenal de combat de tout bon pasteur, Ben. Il nous aide à briser et à minimiser une faille de caractère que les hommes modernes ont tous en commun : la tendance à ne rien se refuser. Nous nous sommes habitués pendant des années à placer la chair au poste de commande de notre vie. Si la chair disait : « Solly, je veux voir de la porno », je disais : « Ok ». Si la chair disait : « Solly, je veux trois ou quatre bananes, deux plats de frites et une grosse bouteille de soda et deux cuisses de poulet maintenant », je disais : « Ok ». Si la chair disait : « Solly, je veux de la bière, des cigarettes ou de la drogue », je disais : « Ok ». Si la chair disait : « Solly, je veux télécharger un jeu vidéo et passer tout mon week-end à jouer », je disais « Ok ». Si la chair disait : « Solly, je veux dormir sans prier et me réveiller demain trop tard pour ne pas aller à la chapelle », je disais « Ok ».

Bref, avant, nous étions comme de dociles marionnettes, pratiquement impuissantes devant nos pulsions qui tiraient les ficelles et menait notre vie dans la direction que le diable avait déterminé pour nous. Mais pour ceux d'entre nous qui sont déjà sauvés, une autre autorité a pris les commandes : L'Éternel Dieu. Nous avons donc échappé à la tyrannie de la chair pour nous soumettre à une autre forme d'esclavage, mais celui-là est source de vie et de bénédictions : l'esclavage de l'amour. Désormais, ce n'est plus la chair qui dicte nos comportements, mais l'amour que nous avons pour Dieu et le prochain.

En tant que Pasteurs conscients, luttons à briser le secret et l'isolement. En effet, Ben, la chair tire profit de l'isolement afin d'accomplir sa besogne à l'abri de tous les regards. Elle peut ainsi se complaire dans le péché sans être importunée par les autres. C'est une des raisons pour lesquelles Satan déploie beaucoup de ruse et d'énergie pour dresser des murs entre chrétiens.

Il y arrive de deux façons :

1) De la façon agressive, en créant la division. Il dresse alors les frères les uns contre les autres comme ces étudiants théologiens « collinistes » d'une même communauté mais qui se regroupent toujours suivant leurs postes ecclésiastiques, ou les églises les unes contre les autres comme ces étudiants théologiens de Communauté des Eglises Baptistes du Congo-Est qui ne peuvent pas communier avec ceux de la Communauté Baptiste au Centre de l'Afrique. Satan utilise ainsi les faiblesses de chacun pour exciter le ressentiment et les querelles, jusqu'à ce que l'eucharistie soit rompue et que chacun se retranche à l'écart des autres.

2) De la façon passive, en persuadant de garder silence. Cette dynamique est malheureusement très présente dans la plupart de nos églises aujourd'hui, mon frère ; les gens vivent des difficultés avec le péché mais n'en parlent pas. Par peur de ne pas paraître moins spirituel ou d'être jugés, ils affichent un grand sourire et prétendent qu'ils sont heureux et bénis par le Seigneur alors qu'en vérité, ils souffrent et ne trouvent aucune issue.

Pourtant, Ben, quelle que soit la méthode utilisée par l'ennemi, notre seule arme pour déjouer ses plans est de devenir honnête envers les autres et de nous révéler tels que nous sommes. Voilà un vrai pasteur, Ben ! Nous devons confesser nos péchés entre nous, bien que cela puisse paraître un processus pénible et douloureux. La confession nous oblige à retirer le masque du bon petit chrétien et à montrer les vraies parties intimes de nous-mêmes qui n'ont pas encore été transformées par la rédemption de Christ. Avouer que nous sommes faibles brise notre orgueil et nous fait expérimenter un degré de repentance que nous n'aurions jamais connu autrement. C'est pourquoi l'honnêteté est essentielle pour vivre selon l'Esprit.

Ben, mon frère, ne laisse plus le divertissement voler mon temps. Tout m'est permis, mais tout ne m'est pas utile, tout m'est permis, mais je ne me laisserai pas asservir par quoi que ce soit. C'est en théologien que je comprends bien cette vérité ! Un des pièges de la vie spirituelle est souvent de se convaincre que nous avons atteint une certaine maturité puisque nous avons rejeté les péchés grossiers dans lesquels le monde se complaît généralement comme voler, mentir, forniquer, ...

Néanmoins, pour nous, pasteurs, il y a un petit détail, mon frère : abandonner toutes ces choses n'est que commencement ; c'est le premier pas dans notre marche chrétienne. Abandonner toutes ces choses s'agit des rudiments élémentaires de la foi ; donc tes premiers pas de bébé qu'il n'est pas très avisé de s'asseoir sur cette œuvre que Dieu a fait en toi et de te considérer accompli spirituellement. Une fois que les péchés grossiers ont été évacués de notre vie, le Seigneur poursuit en effet son travail à deux niveaux plus profonds, Ben : D'abord, Dieu veut éliminer les péchés moins reconnus, plus subtils. Par exemple, l'exagération (qui est une variante du mensonge), la tenue vestimentaire inappropriée (qui peut sembler acceptable jusqu'à ce que le Seigneur nous indique que nous sommes impudiques), l'idolâtrie vis-à-vis de certaines activités ou certains divertissements (comme par exemple un intérêt démesuré pour un sport national, ...)

Ensuite - et c'est là que nous rencontrons souvent beaucoup d'obstacles - Dieu veut éliminer ce qui n'est pas conforme à sa volonté. Nous savons que le péché n'est pas la volonté de Dieu, mais il existe aussi des comportements qui sont neutres ou même bons, mais que Dieu nous demande de rejeter. La difficulté à ce niveau de perfectionnement, vient du fait que nous n'avons aucune référence « légale », aucune loi, aucun texte biblique, et parfois aucune explication logique pour appuyer ce que Dieu nous demande. Il s'agit simplement de directives spécifiques et personnelles de l'Esprit Saint. Dans ces situations, mon frère, Satan tentera toujours de nous soumettre différents arguments rationnels afin que nous doutions et reconsidérions notre décision d'obéir.

Ce qui peut être éprouvant, c'est que des membres de notre propre église servent souvent d'instruments au diable pour amener le doute. Nos frères n'agissent pas nécessairement par malveillance mais simplement par manque de perspective spirituelle ou par un désir égoïste de conserver le statut quo. Certaines personnes se limitent aux rudiments de la foi et se considèrent accomplis. Ils admettront qu'ils ne sont pas parfaits et que Dieu poursuit son travail en eux, mais ce n'est qu'une ritournelle religieuse car ils ne mettent pas réellement d'efforts pour se perfectionner.

Alors quand tu veux aller plus loin, mon ami, et que tu partages à ces frères ce que Dieu te met à cœur, ils se sentent menacés. L'Esprit les convainc mais ils ne sont pas prêts à ce niveau de renoncement. Alors au lieu de se repentir, ils tentent de te convaincre que tu pousses un peu trop fort, qu'il faut être équilibré et ne pas verser dans la psychose religieuse et bla bla bla. Bref, ils veulent te garder dans le groupe de tièdes afin de ne pas être bousculés par ta passion ardente pour Dieu.

N'oublie jamais, Ben, que le monde dans lequel nous vivons est sous la domination du prince des ténèbres. Ce monde ne créé donc pas un milieu propice à notre relation avec Dieu ou avec notre prochain. Il est plutôt propice à dilapider notre temps et notre argent pour des futilités. Le temps que Dieu nous donne est précieux ; en fait, il est encore plus précieux que l'argent. Si tu perds de l'argent, tu peux toujours t'en renflouer mais le temps perdu, lui, est perdu à jamais. Tu ne pourras jamais revenir dans le passé pour récupérer le temps perdu, mon frère, c'est une ressource non-renouvelable. Chaque minute qui s'écoule te rapproche de l'éternité, tu ne peux donc utiliser ce temps à la façon d'un insensé. Le temps, comme l'argent, t'es confié par Dieu et tu en es l'intendant. En tant que pasteur, Dieu s'attend à ce que tu l'investis de façon intelligente. Comme je l'ai dit, même pendant tes moments de repos et de divertissements, ne deviens pas moins spirituel. Dieu ne fronce pas les sourcils parce que tu regardes un match de foot devant ta télé ; toutefois, il y a un équilibre à garder. Et la plupart des gens, dont moi le premier, ont de la difficulté à garder cet équilibre. C'est pourquoi je m'oblige à bannir certaines choses !

Avant Internet, nous avions déjà plusieurs possibilités comme de films-séries pour perdre le temps. Maintenant, avec Internet, c'est du délire. Internet est un gouffre sans fond, c'est un trou noir qui peut aspirer chacune de nos minutes libres. Et avec la venue des réseaux sociaux, le gouffre est encore plus profond et menaçant que nous pouvons nous l'imaginer. Si nous ne sommes pas prudents, nous pouvons ruiner le temps que Dieu nous donne. Mon Pasteur, je t'en prie, réveillons-nous !

Certaines choses sont pour les chrétiens, mais pas pour nous, théologiens pasteurs ! Nous devons bosser plus dur ! Représente-toi Jean-Baptiste. Tu penses que s'il était de notre temps, après chaque journée de prédication au Stade Des Volcans, le soir, il s'installerait confortablement dans son fauteuil avec un gros bol de viandes rôties, à voir sa série télé favorite ou le mercato Real-Barça ? Non, Ben, je pense qu'au moment où les autres seraient en train d'applaudir leur équipe respective, notre frère Jean serait à son bureau en train de préparer la prédication du lendemain !

Tu t'imagines Pierre et Jean qui marchent dans les rues de Goma en consultant leurs smart phones... Comment devraient-ils s'apercevoir que l'infirme leur tend la main alors que l'un est occupé à mettre son statut Facebook à jour et l'autre à répondre à ses messages sur Whatsapp ? Encore une fois, je ne condamne pas ces choses, mais en tant qu'un homme appelé par Dieu pour une vocation de sentinelle, je te préviens d'être trop vigilant, un excès de divertissements nuit à la vie de l'esprit. Portons notre croix et acceptons la réalité de la souffrance. Je ne cesse de te le dire, Ben, un capitaine qui part au combat en craignant sans cesse pour sa vie ne sera d'aucune utilité pour ses troupes.

Un bon soldat sait qu'il risque de souffrir ou même de mourir au combat, mais son entraînement l'a conditionné à suivre les ordres peu importe le prix à payer. Une grande partie de l'entraînement militaire consiste à pousser les hommes jusqu'au point de brisement ; là où le soldat ne conteste plus les ordres, ne pose plus de questions et se contente d'effectuer la tâche à accomplir, sans égard aux difficultés. Sans ce total abandon, le soldat ne combattra pas pour sa nation mais pour sa survie. Et il risque de déserter face à la terreur de la guerre, mettant par le fait même ses compagnons - et ultimement son pays - en danger. En famille, à la Faculté, à l'Eglise, pour mon pays, je porte toujours ma croix ; et mieux que beaucoup, tu peux le témoigner !

Ma vie de chaque jour, dans toutes les circonstances, je sais que Christ s'attend à ce que chacun de nous adopte la même attitude que le soldat. Chaque pasteur ou leader spirituel doit bien le comprendre, mon frère, le christianisme n'est pas un ajout à notre vie, il est un renoncement à notre vie. Si nous ne renonçons pas à notre vie, nous ne pouvons suivre Christ car nous trahirons le maître dès que nous entendrons siffler les balles autour de nous. C'est pourquoi Jésus a parlé très souvent de cette condition fondamentale de notre foi : « Celui qui ne prend pas sa croix, et ne me suit pas, n'est pas digne de moi. Celui qui conservera sa vie la perdra, et celui qui perdra sa vie à cause de moi la retrouvera » et encore : « Si quelqu'un vient à moi, et s'il ne hait pas son père, sa mère, sa femme, ses enfants, ses frères, et ses sœurs, et même à sa propre vie, il ne peut être mon disciple. Et quiconque ne porte pas sa croix, et ne me suis pas, ne peut être mon disciple ».

Dans notre vie du quotidien, malgré que nous traversons aujourd'hui de moments moins avantageux, nous devons agir, mon frère ; les attentes de Jésus sont élevées. On ne parle pas ici d'un christianisme du dimanche matin mais d'une consécration totale, d'un engagement sans retour en arrière. Mais les attentes du Dieu de l'univers pourraient-elles en être autrement ? L'amour qu'il attend de ses enfants pourrait-il être moins élevé ? Dieu ne mérite-t-il pas ce degré d'engagement ?

Mon cher Ben, si des soldats de ce monde arrivent à s'oublier eux-mêmes au profit d'enjeux terrestres, ne pouvons-nous pas mépriser notre vie pour des enjeux célestes ? Le problème, encore une fois, vient du fait que nous avons été conditionnés par notre environnement social à chérir notre vie. Même les églises tentent d'attirer de nouveaux fidèles en promettant que Jésus leur offrira la lune. La Bible, disent-ils, est pleine de promesses. C'est vrai. Et l'une de ces promesses est la suivante : « Je vous le dis en vérité, il n'est personne qui, ayant quitté, à cause de moi et à cause de la bonne nouvelle, sa maison, ou ses frères, ou ses sœurs, ou sa mère, ou son père, ou ses enfants, ou ses terres, ne reçoive au centuple, présentement dans ce siècle-ci, des maisons, des frères, des sœurs, des mères, des enfants, et des terres, *avec des persécutions* ».

Et encore, la Bible nous dit : « Mettez-vous en garde contre les hommes ; car ils vous livreront aux tribunaux, et ils vous battront de verges dans leurs synagogues ; vous serez menés, à cause de moi, devant des gouverneurs et devant des rois, pour servir de témoignage à eux et aux païens (...) Le frère livrera son frère à la mort, et le père son enfant ; les enfants se soulèveront contre leurs parents, et les feront mourir. Vous serez haïs de tous, à cause de mon nom ; mais celui qui persévérera jusqu'à la fin sera sauvé ».

Christ a préparé ses disciples à souffrir. Il n'a jamais joué la carte du « Jésus réglera tous tes problèmes ». En fait, mon Pasteur, ta foi en Jésus pourrait t'apporter plus de problèmes qu'auparavant. Car lorsque tu appartenais au diable, il pouvait bien te laisser vivre à ta façon. Tu étais son disciple sans le savoir en pratiquant fidèlement le premier commandement de l'enfer, qui est l'égoïsme. Tu lui appartenais et étais destiné à passer l'éternité avec lui. Il n'avait aucune énergie à investir pour te malmener. Mais lorsque tu te dresses debout et déclares la guerre, tu deviens une cible. Sauf qu'évidemment, tu as désormais un défenseur : L'Éternel des armées. La Bonne Nouvelle de Jésus-Christ, ce n'est pas que nous sommes rachetés de toutes souffrances sur terre, c'est plutôt que nous sommes délivrés de la puissance du péché et que nous sommes désormais réconciliés avec le Père et destinés à être dans sa présence pour l'éternité ! N'est-ce pas merveilleux, Ben ?

Jérémie reste un vrai modèle dans ma vocation pastorale. A travers une étude minutieuse de son témoignage, j'ai fini par comprendre que c'est au travers des tempêtes de la vie que Dieu confirme encore son appel qui nous est irrévocable. Issu d'un petit village, Anathoth, sa vie et son ministère se situent pendant les règnes troublants de cinq derniers souverains de Juda, une époque historiquement chaotique du point de vue politique, moral et spirituel. La vie de Jérémie est vraiment un cas pour chaque pasteur congolais. Je m'imagine cet homme solitaire qui a prophétisé pendant 40 ans sans jamais voir son peuple tenir compte de ces moindres avertissements. S'il pouvait oser se lamenter, Dieu lui aurait rappelé qu'il ne l'a pas consacré pour être seulement « prophète en Israël » mais également « prophète des nations ».

Que de nos étudiants théologiens et nos pasteurs en fonction, au lieu de dire la vérité de Dieu, ils se mettent à refuser les mutations et sont prêts à lécher les bottes de membres de la « Commission des Ministères » pourvu qu'ils soient toujours gardés en ville ! Mon cher Pasteur, selon ta vocation, tu es « pasteur de nations » ou « pasteur de Jérusalem » ? Moi, je connais bien ma vocation, dans ma pastorale, la rue me vaut mieux que le bureau ! Que l'argent et le matériel ne t'écartent pas de ton but, mon frère ! Dans son appel, Dieu promet à Jérémie d'être avec lui, de prendre soin de lui ; mais il ne lui garantit pas de le préserver de problèmes liés à la vocation comme l'emprisonnement, la déportation, le rejet et les moqueries.

C'est un message fort pour chaque jeune théologien. Dans l'exercice de notre ministère, même si Dieu sera avec nous et va nous protéger, il nous exige de supporter patiemment les tentations. Surtout, si tu aspires à un poste quelconque, mon frère, attends-toi à ses nouveaux challenges. Petite fonction petits défis, grande fonction grands défis ; c'est ça la loi de la grandeur ! Ne craignons rien de défis qui nous attendent, Ben, la Bible nous dit d'avance que le Dieu qui nous a appelés marchera avec nous au milieu de chaque tempête. Quand bien même le malheur nous frappera souvent, l'Eternel nous en délivrera toujours.

Pour bien faire sa mission, à savoir « Arracher - Renverser pour Bâtir - Planter », Jérémie devrait ceindre sa ceinture, selon la Parole de Dieu. C'est ainsi que faisaient les soldats orientaux, avant d'aller à la guerre ou pour un long voyage. Par cette recommandation, Dieu prévient Jérémie qu'il y a un danger qui l'attend dans l'exercice de son ministère. Le prophète aura de problèmes avec ses propres frères, il va courir le danger de la part des Chaldéens, auteurs de la ruine de son peuple. Et, devant tous ses contradicteurs, Dieu va lui dire : « Si tu trembles devant eux, je te ferais trembler de plus ». Cette terrible menace de Dieu lui sera faite selon sa foi : s'il est intimidé, Dieu fera qu'il le soit encore plus. C'est la réalité, Ben, nous vivons ces choses chaque jour de notre vie. Plusieurs hommes et femmes de Dieu sont intimidés face aux « grands » de l'Eglise , ils ne savent même pas par où commencer leurs bonnes idées pour l'avancement de l'Eglise, ils se rendent d'eux-mêmes esclaves et prisonniers des hommes ; c'est pourquoi Dieu fait d'eux les plus soumis possible, même à leur propre détriment.

Un pasteur ne tremble pas devant qui ou quoi que c'est soit ; en Christ, il a le pouvoir sur le monde et ses problèmes. Un pasteur ne tremble que lorsqu'il oublie les promesses de Dieu, lorsque ses yeux restent braqués sur les hommes et leur puissance, ou lorsque sa pensée est figée sur les problèmes et les luttes de chaque jour. Mais nous autres, ayant notre pensée vers Christ, nous n'avons rien à craindre ! Dieu est au contrôle ! Tout ce qui nous arrive est volonté de Dieu.

Pour la suite et la fin de ma mission ici-bas, je ne crains rien car, comme Paul l'a dit : « Quand il va plaire à Celui qui m'avait mis à part dès le sein maternel, et qui m'a appelé par sa grâce… », j'irais voir tranquillement mon Père et lui faire bilan ! Il n'a consulté ni la chair ni le sang ni les penchants d'une Eglise ni les instructions d'une faculté de Théologie ni les avis d'aucun homme pour me consacrer à son service ; c'est à Lui, et à Lui seul, que j'ai de comptes à rendre ! Je sais que ma mission est bien située dans le temps et l'espace, je me concentre sur ma vocation en laissant tomber tout intérêt égoïste pour la cause de Christ et l'amour de Dieu.

Par cette lettre ouverte, cher Pasteur, je m'attends déjà à être accusé par mes détracteurs professeurs et étudiants de tenir un langage grossier. Je le connais depuis longtemps, mon ami, c'est toujours la manière d'agir de ceux qui propagent les erreurs et les mensonges : au lieu de tenter de combattre ce qui est dit ou écrit contre eux, ils cherchent refuge dans leur égo. Une telle conduite est de la dérobade pure et simple. Mais ceci, tu dois le savoir, ne me touche pas. Quand les fondements de la foi chrétienne sont en jeu, ce n'est pas le moment de se frotter les dos. L'affaire est on ne peut plus sérieuse. Ce n'est pas une question d'opinion, mais de vie ou de mort. Nous devons nous lever pour dire tout haut ce que les autres pensent tout bas.

Si l'on pourra alors me persuader qu'« être intellectuel » c'est réfléchir obligatoirement comme un petit groupe de quelques occidentaux du XVIIIème siècle et que toute la théologie doit se référer à Göttingen, je prie au monde scientifique de me laisser tranquille car, dans ces conditions, je n'admettrais jamais l'être ! Tout ce que j'écris, m'engage. Quand c'est mon cœur qui veut parler, je n'ai pas besoin de directeur pour manipuler ma pensée en sa guise, - s'il s'improvise, il peut corriger mes fautes de langage, mes erreurs grammaticales mais pas ma pensée ! Ça, je refuse, Ben ! J'aime écrire comme je pense et penser comme j'écris ; je n'ai pas besoin de compliquer les choses ; par mes écrits, je veux être un frère parmi mes frères, pas par inaptitude à la méthode scientifique rigoureuse, - je m'en sors bien, en sont témoins, tous mes travaux sous exigence scientifique -, mais juste par amour pour les miens.

Ça ne sert à rien, cher Ben, que nos bibliothèques soient remplis de travaux très importants pour notre pratique quotidienne mais qu'il faut déchiffrer avec un lexique à coté pour les comprendre. Je m'insurge contre cette mentalité paternaliste que certains professeurs de la Faculté veulent imposer à tous les étudiants. Nous ne sommes pas nuls parce qu'ils nous enseignent, nous ne sommes pas vulnérables parce que nous leur demandons de l'aide ! Que ce soit d'une façon intellectuelle, spirituelle, morale ou financière, je crois que c'est du devoir de professeurs devant Dieu de supporter tous ceux qui viennent chercher secours auprès d'eux. Notre métier est vraiment compliqué, Ben, point n'est besoin de s'en glorifier ; ton collègue d'aujourd'hui est ton président de demain, le dernier d'hier peut-être le premier de demain, celui que tu maltraites aujourd'hui pourra être celui qui assurera ta retraite demain : qui peut nous déterminer ce que cache exactement le lendemain ?

C'est pourquoi je nous appelle toujours à nous unir lorsqu'il y a une lutte sociale qui nécessite le front commun. Ceux qui s'en tiennent au système radical pour leurs intérêts égoïstes oublient qu'ils vont passer et que leurs fils viendront après. Les avantages d'aujourd'hui peuvent être les inconvénients de demain. Il ne revient pas aux étudiants seuls d'exiger un système adapté et des enseignements favorables à notre foi, c'est pour un bien commun, leur cause doit être celle des enseignants et vice versa !

Quiconque, tant soit peu concerné par la théologie et la vie de l'Eglise, ne peut pas faire semblant et se permettre d'ignorer les défis susmentionnés. Une bonne dispensation de justice et un bon programme de cours sont un avantage pour l'Eglise du futur. Je prie que chacun étudiant théologien dépasse le traditionalisme de l'ancien système dans sa manière d'agir, évite tout fanatisme et intérêt individuel surtout lorsqu'il s'agit d'une décision ayant un impact futuriste. Revenir aux valeurs spirituelles est une priorité qui s'impose, abandonner ou estomper cela de vue est une erreur ! C'est pourquoi je continue la lutte contre les conceptions et les étiquettes erronées sociétales. Et, en ce qui me concerne, je ne suis pas encore prêt à baisser le bras, je ne crains rien, le Dieu qui m'a appelé prendra soin de moi. Et, malgré les intimidations et les préjugés, tu verras, Ben, je ne serais jamais le dernier ; tant que mon Rédempteur sera vivant, même dans ma tombe, je serai toujours et aussi vivant pour raconter ses œuvres !

Ma vie c'est comme un film. Tout est déjà tourné, tout est fini d'avance ! Dans son scenario, Dieu, qui est le réalisateur et metteur en scène de mon histoire, maîtrise bien chaque seconde et chaque séquence. Même si certains aigris veulent atteindre leur télévision pour ne plus voir les scènes de ma promotion, le DVD de ma vie est déjà sous la pochette, il est bien conservé dans la maison d'édition et pourra être vu de temps en autres, selon le besoin et la volonté du Producteur, Dieu. Ce n'est pas parce qu'un jaloux et rancunier ne veut pas voir les scènes de mes percées que ma destinée va se bloquer, non, même s'il ne veut pas de moi, les autres continueront à m'inviter dans leurs maisons, m'aimer et m'aider dans mes faiblesses.

Et, mon Pasteur, n'oublie pas que dans un bon film, les obstacles sont très importants car ils sont les éléments moteurs qui propulsent l'acteur principal vers les grandes réalisations de sa vie. Plus fort que cela, ô ça me rappelle mon passé dans les cinés, l'acteur principal ne meurt jamais ! Pendant que ses adjuvants meurent, lui, il vit jusqu'à la fin du film pour montrer à ses spectateurs le but même de son existence ! Je ne mourrais pas, Ben, je vivrai pour raconter les œuvres de l'Eternel ! Et quand bien même l'acteur principal meurt, il y a dans le film ce que nous appelons « suspens », un peu comme pour signifier l'attente angoissée, l'arrêt momentané et donc qu'on s'attende à la « Saison II ». La Saison deux est toujours meilleure que la première Saison. C'est-à-dire, Ben, même si je meurs, ma mort aura un grand impact aux vivants, j'aurais enfin la vie éternelle comme suite de la première série.

Je béni le Seigneur du fait que je rencontre des personnes, comme toi, mon ami, qui agissent réellement dans le domaine du changement, et à ma grande surprise, elles sont très nombreuses. Elles sont conscientes du problème et je sais que le changement est juste au coin de la rue. Un jour, mon Pasteur, ce monde aura besoin de Dieu. Je le dis par foi et par expérience de l'Esprit, Ben ! Dieu ne peut pas déposer une intelligence dans l'homme afin que ce dernier la gaspille éternellement pour tirer dans la boue la réputation de son Créateur !

Non, mon ami, un bon jour, j'en suis sûr, le point culminant de toutes les recherches sera la découverte du Dieu de la Bible. Le devoir actuel de tout théologien et de tout homme ou femme d'église, c'est de prier pour que les savants et les anthropologues continuent leurs recherches. Tôt ou tard, Dieu utilisera les savants comme les gens les plus utiles pour propager la foi ! Dieu existe, Il est souverain, c'est Lui qui se lèvera le dernier avec sagesse dans cet univers que l'homme ne peut sonder avec exactitude !

Cher Ben, mon Pasteur, ne t'inquiètes pas trop de moi. Comme le disait Martin Luther King, « mes yeux ont vu la gloire de Dieu, je vois la Terre Promise ! » Dieu m'a dit : « Solly, ceints ta ceinture, je t'enverrai à Jéricho. Tu es de ceux de mon camp qui luteront pour qu'on n'attaque plus ni ne dérobe ceux qui vont fréquenter cette route de la vie » ! Au cours de son périple ici-bas, mon Seigneur Jésus a dit : « L'Esprit du Seigneur est sur moi parce qu'Il m'a conféré l'onction pour apaiser ceux qui ont le cœur brisé, pour annoncer la Bonne Nouvelle aux Pauvres, pour proclamer aux captifs la libération et pour proclamer une année d'accueil pour le Seigneur ». Et oui, je le confesse : « L'Esprit du Seigneur est sur moi » ! Il me pousse à aller annoncer et me dit : « Tu fais tarder mon Royaume, cela me gêne que tu ne parles pas ! Ne crains rien, tu n'es pas seul » !

Je ne sais pas, mon frère si, demain matin, la relecture attentive de cette lettre ne m'obligerait pas à la corriger ou à ne plus te la publier. Je souhaite la laisser exactement comme je l'ai conçu ! Oui, j'ai risqué... La chair est faible mais l'esprit est disposé. Les hommes vont me haïr, mais Dieu va m'aimer et, je ne crains nullement, car être seul avec Dieu c'est être une majorité. L'Eglise c'est ma vie et j'ai donné ma vie à l'Eglise, ma conscience ne me reproche de rien. Le monde c'est comme une pièce de théâtre où chacun joue son rôle et laisse la place aux autres ; si le Metteur en scène de ma vie m'appelle à jouer dans un film qui n'a pas de scènes auxquelles je m'attendais, en conscient acteur, je me plierais à Sa divine volonté ! Même s'il arriverait que je ne voie pas ces choses avec vous, demande aux autres frères d'avancer dans la foi ; avec Dieu rien n'est impossible ! Sois béni, mon cher petit frère !

23h 37min, ainsi fait à Goma, le 16 novembre 2017, avec toute mon affection, de tout mon cœur,

Soleil BALERWA, Pasteur Aspirant.

Printed by Books on Demand GmbH, Norderstedt / Germany